JOSEF ROSENEGGER

UNSERE HEIMAT ZWISCHEN

INN UND SALZACH

Alle Rechte vorbehalten: © Irene Aksoy, Pannonia-Verlag, D-83064 Raubling, 2002

Gesamtherstellung: Meißner Druck Oberaudorf

ISBN 3-7897-0606-X

VORWORT

Das Land zwischen Inn und Salzach bietet eine Menge von Sehenswürdigkeiten: Burgen und Schlösser, Klöster und Stifte, Wallfahrten - welche helfen sollten, die christlichen Heilskräfte zu erhalten.

Vor einigen Jahren erschienen zu diesem Thema kleine Büchlein, von mir verfasst, im Pannonia-Verlag (Kleine Pannonia-Reihe), welche nun in einem Sammelband neu herausgegeben wurden.
Allen, die am Entstehen dieses Buches mitgearbeitet haben, sei ein herzliches Danke ausgesprochen.

„Unsere Heimat zwischen Inn und Salzach" ist ein Land voller Schönheiten und Gedanken. Daran sollten wir nicht vorbeigehen - sie ist für jeden von uns ein Stück des Lebens und der Freude.

Josef Rosenegger
Pfarrer in Ruhe, Geistl. Rat
Magister theologiae

INHALTSVERZEICHNIS

VORWORT 3
INHALTSVERZEICHNIS 5

I. DAS INNTAL VON KUFSTEIN BIS ROSENHEIM 11

    1. KUFSTEIN 12
    2. EBBS 13
    3. THIERBERG 14
    4. WINDSHAUSEN 15
    5. KIEFERSFELDEN 16
    6. OBERAUDORF 17
    7. REISACH 19
    8. NIEDERAUDORF 20
    9. FLINTSBACH 21
    10. BURG FALKENSTEIN B. FLINTSBACH 23
    11. PETERSBERG B. FLINTSBACH 25
    12. BIBER B. DEGERNDORF 27
    13. ST. MARGARETHEN 28
    14. BRANNENBURG 29
    15. NUSSDORF 30
    16. NEUBEUERN 31
    17. ALTENBEUERN 32
    18. ROHRDORF 33
    19. ROSSHOLZEN 34
    20. PANG, WESTERN- U. PFRAUNDORF 35
    21. ROSENHEIM 37
    22. DIE SCHIFFFAHRT ZWISCHEN KUFSTEIN U. ROSENHEIM ... 38
    23. PONS-AENI 39

II. MEISTER IM INNTAL 41

    GEORG STÄBER 42
    MEISTER DER MIESBACHER BAUSCHULE 43
    GEORG MILLNER 44
    MELCHIOR HOFMAYR UND CASPAR SEIDL 45
    PETER WEISSBACHER 46

Blasius Mass	47
Josef Eder	48
Anton Perthaler	49
Thomas Urscher	50
Jakob Weiss und Balthasar Mayr	51
Andreas Vordermayr und Wolf Ganterer	52
Die Hausstätter Baumeister: Hanns Mayr, Wolfgang Dientzenhofer, Abraham Millauer	53
Michael Zürn, Georg Andreas Dietrich, Jakob Dibeller, Johann Georg Sang ...	54
Josef Anton Höttinger	55
Jakob Dibeller	56
Felix Pämer	57
Josef Götsch	58
Ignaz Stumbeck	59
Franz Stitz	60
Georg Reheis	61
Georg Zelger	62
Florian Wick	63
Peter Troger	64
Sebastian Rechenauer	65

III. BURGEN UND SCHLÖSSER ZWISCHEN INN UND SALZACH 67

1. Burghausen	67
2. Tittmoning	69
3. Staufeneck bei Piding	71
4. Gessenberg	73
5. Pertenstein a. d. Traun	75
6. Stein a. d. Traun	77
7. Wald a. d. Alz	79
8. Tüssling	81
9. Winhöring	83
10. Mühldorf a. Inn	85
11. Guttenburg a. Inn	87
12. Jettenbach a. Inn	89
13. Wasserburg a. Inn	91
14. Amerang i. Chiemgau	93
15. Oberbrunn	95

16. Hartmannsberg 97
17. Vogtareuth a. Inn 99
18. Wildenwart 101
19. Brannenburg a. Inn 103
20. Falkenstein b. Flintsbach 105
21. Neubeuern südlich a. Inn 107
22. Hohenaschau a. d. Prien 109
23. Marquartstein 111
24. Grabenstätt 113
25. Herrenwörth 115

IV. VERFALLENE BURGEN UND SCHLÖSSER 117

1. Auerburg 117
2. Kirnstein - Ramsau - Klammenstein 118
3. Schloßberg 119
4. Hirnsberg 120
5. Kling bei Wasserburg 121
6. Kraiburg 122
7. Mögling - Stampfl - Hohenburg 123
8. Mörmoosen 124
9. Dornberg b. Mühldorf 125
10. Leonberg 126
11. Tettelham 127
12. Surberg 128
13. Lenzinsberg 129
14. Traunstein 130
15. Neuamerang b. Sondermoning 131
16. Trostberg 132
17. Raschenberg - Vachenlueg 133
18. Halmberg - Lampoding 134
19. Lebenau - Laufen - Triebenbach 135
20. Bad Reichenhall (mit Gruttenstein und Karlstein) 136
21. Törring - Tengling 137
22. Plain 138
23. Die Aribonen auf Seeon 139
24. Die Sighardinger auf Baumburg 140
25. Die Laiminger und Truchtlachinger 141

V. KLÖSTER UND STIFTE ZWISCHEN INN UND SALZACH 143

    1. AU A. INN 143
    2. GARS A. INN 145
    3. MÜHLDORF A. INN 147
    4. ST. VEIT B. NEUMARKT I. ROTTAL 149
    5. ALTÖTTING 150
    6. BURGHAUSEN 155
    7. RAITENHASLACH 157
    8. TITTMONING 159
    9. LAUFEN 161
    10. BERCHTESGADEN 163
    12. BAD REICHENHALL 166
    13. HÖGLWÖRTH 168
    14. MARIA ECK 170
    15. HERRENCHIEMSEE 171
    16. FRAUENCHIEMSEE 173
    17. BAUMBURG 175
    18. SEEON 177
    19. ALTENHOHENAU 179
    20. ATTEL A. INN 181
    21. ROTT A. INN 183
    22. PETERSBERG 185
    23. REISACH A. INN 187

VI. WALLFAHRTEN ZWISCHEN INN UND SALZACH 189

    1. MÜHLBERG SÜDÖSTLICH VON WAGING: MARIENWALLFAHRT 189
    2. TENGLING B. WAGING, LEBENAU B. LAUFEN, RIMSTING:
        KOLOMANWALLFAHRTEN 190
    3. BURG BEI TENGLING, PONLACH OBERHALB TITTMONING:
        MARIENWALLFAHRTEN 191
    4. MARIENBERG SÜDLICH BURGHAUSEN: MARIENWALLFAHRT 192
    5. ALTÖTTING: MARIENWALLFAHRT 193
    6. HEILIGENSTATT B. ALTÖTTING, FISSLKLING B. KRAIBURG:
        CHRISTUSWALLFAHRTEN 194
    7. ECKSBERG WESTLICH ALTMÜHLDORF: CHRISTUSWALLFAHRT 195
    8. PÜRTEN NORDWESTLICH KRAIBURG: MARIENWALLFAHRT 196

9. ATTEL, HOFWIESKAPELLE UND KRONWIDLKAPELLE:
   CHRISTUSWALLFAHRT 197
10. ALTENHOHENAU A. INN SÜDLICH WASSERBURG:
    CHRISTUSWALLFAHRT 198
11. ROSENHEIM, MARWANG BEI GRABENSTÄTT: LORETOWALLFAHRT 199
12. UMRATSHAUSEN B. FRASDORF, HEILIG-BLUT/ROSENHEIM:
    CHRISTUSWALLFAHRTEN 200
13. NEUBEUERN A. INN SÜDLICH ROSENHEIM: MARIENWALLFAHRT 201
14. NUSSDORF A. INN, BUCHET, ST. LEONHARD B. WAGING:
    LEONHARDIWALLFAHRTEN 202
15. KIRCHWALD B. NUSSDORF A. INN: MARIENWALLFAHRT 203
16. PETERSBERG B. FLINTSBACH: PETRUSWALLFAHRT; SCHWARZLACK:
    MARIENWALLFAHRT 204
17. SACHRANG I. PRIENTAL, ASCHAU I. PRIENTAL:
    CHRISTUSWALLFAHRTEN 205
18. ST. FLORIAN: FLORIANIWALLFAHRT; KLEINHOLZEN B. PRUTTING:
    NOTHELFERWALLFAHRT 206
19. NEUKIRCHEN, ANTWORT UND HIRNSBERG A. SIMSSEE:
    MARIENWALLFAHRTEN 207
20. HALFING: MARIENWALLFAHRT; GUNTERSBERG B. HALFING:
    LEONHARDIWALLFAHRT 208
21. FEICHTEN A. D. ALZ NÖRDLICH TROSTBERG: MARIENWALLFAHRT 209
22. ISING A. CHIEMSEE, BRÄUHAUSEN B. SEEON, ALBERTAICH:
    MARIENWALLFAHRTEN 210
23. TRAUNWALCHEN I. CHIEMGAU, RAITEN B. SCHLECHING:
    MARIENWALLFAHRTEN 211
24. MARIA ECK SÜDLICH SIEGSDORF: MARIENWALLFAHRT 212
25. GERN, KUNTERWEG, ETTENBERG I. BERCHTESGARDENER LAND:
    MARIENWALLFAHRTEN 213

FUSSNOTEN 215

I. DAS INNTAL VON KUFSTEIN BIS ROSENHEIM[1]

Die Quellwasser der Gebirgsstöcke des Engadins in der Schweiz sammeln sich und wachsen zum reißenden Gebirgsfluss an. Längst hat der Inn die Berge Tirols zum breiten Tal ausgeschwemmt, durchbricht beim Kranzhorn und Wildbarren die Enge des Gebirges und tritt nun als gebändigter Strom hinaus ins südöstliche Bayern. Sein Gletscherfluss hat in der Eiszeit alles Entgegenstehende abgeschliffen, und riesige Kies- und Schotterablagerungen haben sich mancherorts zum so genannten Nagelfluh verfestigt. Zurückbleibendes Flusswasser bildete bis zur Regulierung des Inns zahlreiche Altwasser oder ließ durch untergegangene Wälder weite Moore entstehen. Großartig sind die Aussichten von den ihn umgebenden bewaldeten Höhen und Kalkfelsen.

Ursprünglich wohnten an den Ufern des Inns die keltischen Breonen. Dann bauten die Römer entlang des Flusses ihre Straßen. Schließlich eroberten die Bajuwaren seine Ufer und gründeten auf wassersicheren Terrassen ihre Dörfer. Dorthin stellten sie auch ihre Kirchen und bereicherten sie oft mit vielen Kunstwerken. Burgen und uralte Sitze waren die Schutzstätten - fast alle sind zerfallen, von manchen ist kaum noch der Standort zu finden. Nach der romanischen und gotischen Zeit zog auch hier ein froher Barock ins Land. Schließlich kam es zur modernen Industriegesellschaft von heute. Nun geht mancher Nachkomme eines Holzknechts, Steinhauers, Innschiffers oder Samerberger Salzsäumers in eine Fabrik. Sommer- und Wintergäste finden Erholung und Freude in schmucken Gebirgsdörfern oder auf Berghöfen, für die sich die Menschen die schönsten Plätze ausgesucht und sich so in ihre Heimat verwurzelt haben.

Das Land am Inn zwischen Kufstein und Rosenheim ist ein geschlossener Bezirk; vom Kranzhorn oder vom Brannenburger Sulzberg aus spürt man es. Vom Flintsbacher Madron aus öffnet sich die Weite der schönen Innlandschaft. Auf den langen Waldwegen seiner Berge, in seinen Dörfern und bei der Geselligkeit seiner Bewohner kann man diese Einheit erleben. Der Fluss selbst ist keine Grenze mehr, sondern das einigende Band zwischen Chiemgau und Mangfallgau, zwischen Gebirge und Flachland, besonders seit etwa 130 Jahren, als man beim Bau der Eisenbahn den Inn in sein jetziges Bett zwang.

1. Kufstein

Wie ein Sperrriegel liegt auf dem Felsen der tirolischen Grenzstadt Kufstein die gleichnamige Festung, inmitten des Tales, umflossen vom Inn. Ursprünglich gehörte dieser Ort zum bayerischen Inntalgau und war als solcher 1097 in den Händen des bayerischen Pfalzgrafen Rapoto aus dem Hause Kraiburg-Ortenburg. 1205 belehnte Bischof Konrad IV. von Regensburg, ein Graf von Megling-Frontenhausen, den Bayernherzog, der bald danach alleiniger Besitzer von Kufstein war. Nun wurde Kufstein der Sitz eines herzoglichen Gerichts und erhielt im Jahre 1393 die Stadtrechte. Alljährlich in der zweiten Fastenwoche wurde hier getagt, Verordnungen wurden promulgiert und Rechtshändel abgeschlossen. 1504 bekam Kaiser Maximilian I., der Habsburger, das bayerische Kufstein, nachdem er im Landshuter Erbfolgekrieg mit seinen Belagerungsgeschützen „Weckauf" und „Purlepans" die als uneinnehmbar geltende Burg zerschossen hatte. Draußen an der Straße nach Langkampfen, wo heute eine Gedächtnissäule steht, mussten der letzte Festungskommandant, Hans Pienzenauer, und einige seiner Kampfgenossen den Kopf auf den Block legen - „in opfertreuer Pflichterfüllung gegenüber seinem Dienstherrn Pfalzgraf Ruprecht".

Die gut erhaltene Burg birgt seit dem Jahre 1931 die so genannte Heldenorgel, eine zum Gedenken an die Gefallenen des Ersten Weltkrieges gestiftete Freiorgel. Die Pfarrkirche St. Vitus wird schon 788 urkundlich erwähnt. Ihr jetziger spätgotischer, mehrmals veränderter dreischiffiger Hallenbau mit dem am Chor stehenden Turm - eine typische altbayerische Bauweise - wurde vielleicht in der Zeit der Stadterhebung errichtet. Zahlreiche Grabsteine geben Zeugnis von der Wohlhabenheit kufsteinischer Geschlechter, u. a. der Stein der Dürnbacher (1388), der Baumgartner (1493), ein Werk des Wasserburgers Wolfgang Leb, der Weinräntl (1503). Weinräntl verdankt die Dreifaltigkeitskapelle ihr Entstehen. Das Rokokoaltärchen mit der „Madonna vom schwarzen Gürtel" und den Heiligen des Augustinerordens erinnert an die durch diesen Orden hier ausgeübte Seelsorge.

Nahe ist hier das Kaisertal, das schönste Hochgebirgstal der Nordalpen. Tausende wandern jährlich hinauf nach Kaiserfelden, zum Pfandlhof oder zur Strips.

2. Ebbs

Ebbs, einst ein römisches Straßendorf in Fortsetzung einer keltischen Siedlung am „Rossbach", war im 8. Jahrhundert salzburgischer Kirchenort und später im grundherrlichen Besitz des Bistums Bamberg. Die „Ebbser" aber waren schon zur Zeit der alten Grafschaftseinteilung ein Geschlecht, das seine Burg bei der Kirche St. Nikolaus hatte, dem sichtbaren Überrest ihres einstigen Besitzes. Sie waren im 12. Jahrhundert Dienstleute der Falkensteiner. Ihre Burg ging im Jahre 1188 in hohenstaufische Lehensherrschaft über und war 1280 bayerisch-herzoglicher Besitz. Einer der letzten Ebbser war von 1429 bis 1438 Chiemseer Bischof. Die noch erhaltene Burgkapelle ist das heutige spätgotische Nikolauskirchlein mit dem 1862 stark veränderten Hochaltar und den Figuren, die Johann Schweinester aus Kössen den Plastiken eines Gesellen vom Meister von Rabenden nachgeschnitzt hat.

Das Wahrzeichen von Ebbs ist seine barocke Pfarrkirche. Abraham Millauer errichtete sie in den Jahren 1748 bis 1754; in Berbling, Flintsbach, Schwarzlack und St. Johann stehen weitere Kirchen von ihm. Die Deckenmalerei ist eines der Hauptwerke des Tiroler Freskenmalers Josef Adam Mölk. Den imposanten Hochaltar schuf J. M. Lengauer im Jahre 1756. Das Ganze ist eine „rauschende Fülle von Dekoration, in der die Statuen ihren plastischen Eigenwert mehr und mehr verlieren, um im malerischen Reiz der Gesamtwirkung unterzugehen".

Erl, das alte „Orianum" des Jahres 788, könnte benannt sein nach einem reichen Römer namens Aurelianus, der hier Besitz hatte. Der Quirinsaltar seiner Kirche erinnert an die Beziehungen der Falkensteiner zum Quirinuskloster Tegernsee, dessen Vögte sie waren. Neben dem Kirchenportal ist ein schöner gotischer Grabstein (1448) des Pfarrers Johann Sätreich eingemauert. Bei der Spiel- und Theaterfreudigkeit der Unterinntaler verwundert uns das Passionsspiel der Erler keineswegs. Schon 1572 hatten sie ihre „Komödiehittn". 1933 sank alles in Schutt und Asche, aber seit dem Jahre 1959 spielen die Erler wieder in einem modernen Haus mit 1500 Sitzplätzen und stehen ebenbürtig in der Reihe der berühmten Passionsspielorte. In spielfreien Jahren dient das Haus der Pflege geistlicher Musik durch erstrangige Kräfte.

3. Thierberg

Im Norden von Kufstein, an der Eisenbahnlinie und alten Landstraße über dem Inn, stehen Reste der mittelalterlichen Festung Thierberg. Nur das schlichte Wallfahrtskirchlein mit seinem spitzen Türmchen ist erhalten. Waldwege führen vom tirolischen Zell und bayerischen Kiefersfelden herauf. Von oben hat man einen herrlichen Blick hinüber ins Kaisertal und zu den Gebirgsstöcken, hinunter nach Kufstein, den Fluss aufwärts und abwärts. Im Westen liegt ein schönes Wanderparadies mit Waldwegen, die von einem See zum anderen (Hecht-, Längs-, Pfrill- und Thiersee) führen.

Die Burg Thierberg war einst im Besitz der Frundsberger und stand in einer gewissen Gegnerschaft zu Kufstein. 1379 überließ Georg von Frundsberg die Burg Thierberg den Herzögen von Bayern, denen damals noch Kufstein gehörte. Im Jahre 1504 wurde Thierberg an den Habsburger Kaiser Maximilian I. abgetreten, als Hans Pienzenauer als letzter bayerischer Festungskommandant besiegt und die bayerische Zeit Kufsteins zu Ende war. Nun saßen droben auf dem Thierberg habsburgische Beamte und Lehensherren. Sie lagen des Öfteren im Streit mit dem mächtigeren Kufstein und den Herren auf Mariastein. Das Äußere dieser kleinen Burg wurde immer mehr vernachlässigt, schließlich wurde sie überhaupt nicht mehr bewohnt, und es blieb nichts mehr als der Wartturm und einige Ruinen.

Die Thierbergkapelle ist erstmals 1315 in einer Freisinger Bistumsbeschreibung erwähnt, und zwar als Nebenkirche der Pfarrei Langkampfen. Im 16. Jahrhundert entwickelte sich eine Wallfahrt zum hl. Johannes dem Täufer, häufig wurden Prozessionen hierher gehalten. Als man dann aus einem säkularisierten Münchner Frauenkloster eine Muttergottesstatue hierher brachte - sie soll eine Nachbildung des spanischen Gnadenbildes vom Montserrat sein -, wurde Thierberg eine Marienwallfahrt. Der Hochaltar ist eine wertvolle Schnitzarbeit aus dem 18. Jahrhundert. In dem über der Kapelle liegenden Stockwerk steht eine reichhaltige bayerische Krippe. Ein Eremit versieht den Mesnerdienst und ist Wächter auf einsamer Höhe, inmitten dieses herrlichen Wanderreviers. Täglich läutet er die Gebetsglocke, bei schweren Gewittern die Wetterglocke.

4. Windshausen

An der Landesgrenze südlich des Ortes Windshausen errichtete Anna Hupfauf, Witwe des Neubeurer Schiffsmeisters Wolf Hupfauf, eine Kreuzsäule. Als den tirolischen Wachsoldaten oftmals der Geist des Verstorbenen erschien und kundgab, er könne nur erlöst werden, wenn an dieser Stelle eine Kirche zur Messfeier und jeweiligen Armenspende erbaut würde, ließ die Witwe zu Ehren des heiligen Kreuzes die jetzige Kirche erbauen. Nach einer anderen Erzählung habe der Schiffsmeister Hupfauf in schwerer Not ein Gelübde getan, als er zwei mit Kupfer beladene Schiffe aus Tirol erwartete und diese unterzugehen drohten.

Das Kirchlein zeigt sich in frühbarocken Formen, außen durch Fenster und Mauerblenden gegliedert, innen ist es auffallend hoch und wirkt fast wie ein gotischer Bau. Die Emporenbrüstung trägt sieben Gemälde, auf die Passion Christi bezogen. Der Altar ist ein frühbarocker Säulenaufbau, an dessen Sockeln die Heiligen Wolfgang und Anna, die Namenspatrone des Stiftereehepaares, stehen. Beachtenswert ist das Modell eines Innschiffes mit vier Rudern und mit Beiboot.

Hinter der Kirche zieht sich durch den Wald ein von Süden kommender Weg, der unterhalb des „Kaiserturms" verläuft. Der Turm bewachte einst den engen Talabschluss. In den Jahren 1611, 1703, 1744 und 1809 wurde hier schwer gekämpft. Der Weg ist der Rest jener alten Römerstraße, die - von Ebbs kommend - über Nußdorf nach Pons-Aeni führte. Auch das alte Mauthaus stand nicht immer; denn ursprünglich gehörte dieses Land von der Zillermündung bis Nußdorf zur Inntalgrafschaft. Als es dann Pfalzgraf Rapoto 1099 abgab, kam es durch Vererbung oder Verleihung seitens des Königs an das Regensburger Domstift. Die alten Grafschaften erloschen im 13. Jahrhundert. Nun erhielten die Bayernherzöge das Land. Windshausen lag 1475 im Gericht Kufstein. 1504 schuf man die jetzige Grenze zwischen Bayern und Tirol - eine Grenze zwischen Menschen gleichen Bluts, gleicher Sprache und lange Zeit auch gleicher Geschichte. Das Gespür der Zusammengehörigkeit ist geblieben, Freunde und Brautwerber beachten oft genug diese Grenze nicht; auch für die zahlreichen Sommer- und Wintergäste im Inntal sind die Grenzpfähle kein Hindernis.

5. Kiefersfelden

Seitdem die Kiefersfeldener Fabrikschlote keinen Staub mehr in die Atmosphäre senden, ist das Dorf zum begehrenswerten Fremdenverkehrsort geworden. Zur Grenze ist es nur ein Katzensprung, die weiß-blauen Grenzpfähle stehen direkt hinter dem Dorf auf dem Buchberg. Die Entwicklung von Kiefersfelden hängt eng zusammen mit seiner Industrie. Der akute Holzmangel für die Hüttenwerke in Kundl und Brixlegg veranlasste die Tiroler Landesregierung, die Wälder um den Thiersee zu schlagen und die Stämme über bayerisches Gebiet bei Kiefersfelden herauszufrachten. Dazu baute man um 1611 am Kieferbach zur Verkohlung der Stämme eine „Kohlstatt"; als Kohle konnte man das Holz leichter nach Tirol befördern. Nachher errichtete man auch eine Eisenschmelzhütte. Der erste Schmelzofen und ein Hammer waren 1698 fertig. An die zweihundert Tiroler arbeiteten nun in Kiefersfelden. Diese Arbeiterschaft durchsetzte sich immer mehr mit Einheimischen. Man heiratete sich gegenseitig. Auch das kirchliche Leben entfaltete sich; Kiefersfelden gehörte damals als Filiale des Vikariats Oberaudorf zur Pfarrei Flintsbach. Für die zunehmende Bevölkerung musste eine Schule errichtet werden. Schließlich rentierte sich der Eisengewinnungsbetrieb nicht mehr; er machte im Jahre 1883 der Marmorindustrie und diese 1922 der Zementgewinnung Platz.

Während die neue Pfarrkirche im neubarocken Stil 1904/1905 gebaut wurde, zählt die Heilig-Kreuz-Kirche auf dem Berg zum ältesten Teil des Dorfes.

1315 wurde sie erstmals erwähnt und erhielt im 18. Jahrhundert drei recht gute Rokokoaltäre. Am Nordausgang des Ortes steht die in der Pestzeit (1611) gebaute Sebastianskapelle.

Das Originellste von Kiefersfelden ist sein Volkstheater. Es lässt sich bis zum Jahre 1618 zurückverfolgen. Ursprünglich wurden Stücke mit biblischen Themen gespielt. Nach 1830 kam durch den „Bauern-Shakespeare von Kiefersfelden", den Tiroler Josef Schmalz, das Ritterschauspiel in Schwung, das bis auf den heutigen Tag die Sehenswürdigkeit der näheren und weiteren Umgebung geblieben ist und wegen seiner Originalität auch im 20. Jahrhundert viele Zuschauer anlockt.

6. Oberaudorf

Inmitten eines weiten Talkessels, umrahmt von seinen Bergen, in „respektvollem Abstand" davon, liegt Oberaudorf, das zu einem bedeutenden Luftkurort unserer Tage geworden ist und im Sommer von den Bergwanderern, im Winter von zahlreichen Skifahrern und Rodlern besucht wird. Das nahe Heilbad Trißl mit seiner Radiumsole hilft gegen Krankheiten des modernen Menschen. Der ausgeglichene Witterungscharakter schützt vor allzu großer Rauheit des Gebirges und lässt im heißen Sommer den Wind angenehm durchs Tal streifen.

Der Ort hat eine weit zurückreichende Geschichte. Unter Herzog Tassilo von Bayern, in der zweiten Hälfte des 8. Jahrhunderts, wird von Güterschenkungen an die Domstifte Salzburg und Freising berichtet. Etwas später war „Urdorf" im Besitz der Familie von Adalbert und Rihni von Rohrdorf. Um das Jahr 1100 saßen die Falkensteiner Grafen auf der Aurburg, die sie damals wohl als Sitz der Urdorfer Propstei und zur Verwaltung des umliegenden Gebiets und der Besitzungen in Tirol eingerichtet hatten. Der Propst von Urdorf hatte die Abgabe der Untertanen einzusammeln und an den Grafen auf Falkenstein bei Flintsbach weiterzugeben. Das waren damals vor allem Weinlieferungen aus Südtirol und von einheimischen Weinbauern 17 Fuder im Herbst und 4 Fuder im Mai, dann Käse, 300 Stück von jeder Schwaige (Viehhof), Öl, Schweine, Brotlaibe, Bohnen und Erbsen, Hirse, Rüben, Gemüse, Gänse, Eier, Widder, Schafe und Leinengarn. Nach dem Untergang der Falkensteiner, 1247, wurde die Aurburg der Sitz eines bayerischen Pfleggerichts, bestehend aus den Ortschaften Ober- und Niederaudorf, Fischbach und Kiefersfelden. So sehr schröpfte der Herzog den Grafen! Im Landshuter Erbfolgekrieg, 1503, hatte die Burg schwer zu leiden, im Spanischen Erbfolgekrieg, 1704, brannten österreichische Truppen sie ab, im österreichischen Erbfolgekrieg, 1743, zerstörten Kroaten und Panduren sie völlig, und nach dem Frieden von Füssen, 1745, durfte die Burg nicht wieder aufgebaut werden. Das blieb ihr Schicksal bis auf den heutigen Tag.

Die ersten Nachrichten von Urdorf sind zugleich ein Hinweis auf das Bestehen seiner Kirche. Unter den kriegerischen Auseinandersetzungen hatte auch sie oft zu leiden. Nach dem Unglücksjahr 1743 wurde das Turmobergeschoss und 1758 das Presbyterium von Abraham Millauer barock umgebaut, 1823 brannte fast das ganze Bauwerk ab. Nun musste man es neu einwölben, erhöhte dabei die Außenmauern und verlängerte das Langhaus um ein Joch. Dadurch wurden aber die ursprünglichen Stilformen stark beeinträchtigt. Das gilt auch für die im Jahre 1924 gefertigten Deckenfresken. Umso mehr Bedeutung und Wirkung erhält der große spätbarocke Hochaltar mit seinem doppelten Säulenaufbau und den Konkaven. 1729 von dem Münchner Kistler Johann Furtner geschnitzt und von dem Münchner Maler Anton Zächenberger gefasst. In der Mitte trägt er das aus der Zeit um 1500 stammende Gnadenbild, Maria mit dem Kind, Zeichen der früheren Wallfahrt, die im 19. Jahrhundert völlig erlosch. Auch die Seitenfiguren Josef und Joachim wie die Gottvatergruppe im Auszug sind beachtliche, wohl gelungene Kunstwerke, ebenso die reich geschnitzten Stuhlwangen (um 1745) von dem ortsansässigen Kistler Paul Regauer. Den großen Brand im Jahre 1823 hat Sebastian Rechenauer d. Ä. auf einem Votivbild dargestellt. An den Kirchenwänden, innen und außen, sind bemerkenswerte Grabsteine angebracht.

Der Brand von 1704 veranlasste die Oberaudorfer zur Erbauung der Florianskapelle auf dem Floriansberg, zur Bewahrung vor Feuergefahr. Im Jahre 1804 musste sie abgerissen werden, wurde aber 1815 wieder aufgebaut. Sie steht auf einem weit ins Inntal hinausgeschobenen Felsrücken.

Der südliche Ortsausgang führt durch das so genannte Burgtor, besser betitelt als „Tor bei der Burg". Es ist zwischen zwei Felsen eingezwängt und diente dem Gerichtsamtmann als Wohnung, seit 1809 als Schule, heute ist es Heimatmuseum.

Am steilen Felsen der Luegsteinwand steht der „Weber an der Wand", die frühere Einsiedelei. Der Weg führt nach Süden zum Nußlberg, in dessen Wallfahrtskapelle mit benachbarter Klause ein im 17. Jahrhundert geschnitztes barockes Vesperbild verehrt wird. Von hier oben hat man eine der besten Aussichten in diesem Gebiet.

7. Reisach

Der churfürstliche Hofkammerrat Johann Georg Messerer erwarb 1721 die Urfarner Hofmark. Im Jahre 1730 holte er als Freund der Karmeliter diesen Orden hierher. Die Baupläne für die Kirche und das Karmeliterkloster „am Reisath" lieferte der Hofbaumeister Ignaz Anton Gunetzrhainer, Abraham Millauer von Hausstatt führte den Bau aus. Die Kirche, die erst 1747 geweiht werden konnte, ist außen einfach gehalten, innen bedeutsam gestaltet: ein einheitlich wirkender Saalbau mit abgerundeten Ecken, kreisrundem Altarraum, elegant wirkenden Pfeilern, einem kräftig geformten durchlaufenden Gebälk darüber, über das sich das Tonnengewölbe zieht. Freskomalerei und Stuck fehlen gemäß der Ordensregel der Karmeliter, lediglich die Kapitelle an Säulen und Pfeilern und die Apostelkreuze sind Stuckarbeiten. Für diese Einfachheit im Räumlichen entschädigt aber die Inneneinrichtung von 1745 bis 1757, an der erste Kräfte des Münchner Hofes gearbeitet haben. Der Hochaltar ist beeinflusst von der Säulenstellung Berninis in St. Peter. Das Altarblatt zeigt Christus mit den beiden Kirchenpatronen, der hl. Teresa von Avila und dem hl. Johannes vom Kreuz, gemalt von Balthasar August Albrecht. Über dem Tabernakel mit den seitlich eingearbeiteten vier Kirchenvätern befindet sich das Gnadenbild „Maria vom geneigten Haupt" (wie in der Karmeliterkirche zu Wien). Der Hofmaler Albrecht malte auch die Seitenaltarblätter. Die vier Altäre der Längsseiten sind Werke des Hofbildhauers Johann Baptist Straub; der Skapulieraltar ist davon der bedeutendste.

Östlich von Kloster und Kirche steht das Schloss Urfarn. Der erste Bau, ein noch bestehendes rechteckiges einfaches Gebäude, geht auf Lienhart den Urfahrer zurück. Die Messerer erbauten 1721-1727 ein neues Schloss; Abraham Millauer führte es nach Plänen I. A. Gunetzrhainers aus. Die Schlosskapelle im Längsoval mit der Stuckierung von J. B. Zimmermann ist bestes Rokoko. Hofkistler Dietrich schnitzte den Altar, Albrecht malte das Altarbild. Die kirchenfeindliche Gesinnung des Jahres 1803 bestimmte alles zum Abbruch, aber den Schlossbesitzern gelang seine Erhaltung bis auf den heutigen Tag.

8. Niederaudorf

Das am östlichen Fuß des Wildbarrens gelegene Niederaudorf hat sich trotz des größeren Oberaudorf recht stattlich und sauber entwickelt. Mit seiner Michaelskirche wurde es schon im Jahre 1280 genannt, dürfte aber, gleich Oberaudorf, viel älter sein. Man unterschied nämlich früher nicht zwischen beiden Orten. Sein Kirchlein macht zwar neben der viel bedeutenderen Klosterkirche Reisach einen schlichten Eindruck, besitzt aber einen bewegt geschnitzten Altar, vielleicht von Franz Stitz aus dem Jahre 1767 stammend.

Eine Wegstunde nördlich an der StaatsStraße steht auf einem Felsenrücken des Wildbarrens die Burgruine Kirnstein. Nur noch Mauerreste sind vorhanden. Sie diente einst als Wegsicherung zwischen Audorf und Flintsbach, und Dienstleute der Falkensteiner hausten darin. Endgültig wurde sie im Landshuter Erbfolgekrieg 1504 zerstört und nicht wieder aufgebaut.

Westlich des Ortes geht es den so genannten kleinen Audorfer Berg hinauf, vorbei an den Audorfer Bergbauern, die - in Einöden verstreut - einst den Südhang des Wildbarrens besiedelten und in harter, entsagungsreicher Lebensform eigenwillig über ihr Schicksal Herr zu werden trachteten. Heute ist das anders, Wegerschließung und Fremdenverkehr haben geholfen. Beim Hof Schweinsteig oberhalb Wall hat die Bäuerin Sara Schweinsteiger 1770/71 eine herrliche Kapelle bauen lassen mit Rokokostuck und Freske, letztere wahrscheinlich von dem Oberaudorfer Peter Troger. Genau so hübsch ist auch das kleine Altärchen mit den Schnitzfiguren Unserer Lieben Frau mit dem Kinde in der Glorie.

Beim Weiterwandern kommt man zum Wasserfall und Wirtshaus „Tatzelwurm". Der vom Sudelfeld herabfließende Auerbach hat sich tief in den Kalkfelsen hineingearbeitet und stürzt in mehreren Fällen 70 m herab. Phantasie und vorzeitliche Erinnerungen haben daraus einen feurigen Drachen gemacht. Der Dichter Ludwig Steub hat diesen einsamen Winkel entdeckt, Josef Viktor von Scheffel hat ihn besungen, der Maler Wilhelm Leibl ist hier gerne zu Gast gewesen. Am Wirtshaus sehen wir das Bild dieses leibhaftigen feurigen Untiers und darunter oft durstige Gäste.

9. Flintsbach

Zwischen dem zerklüfteten Heuberg und dem Wendelsteinmassiv steht die Pfarrkirche von Flintsbach mit ihrem außerordentlich schlank proportionierten Baukörper, heute das Schmuckkästchen des Inntals. Ihre Anfänge reichen in die Zeit der frühen Falkensteiner zurück, der Ort selbst aber wurde bereits um 990 als Brixener Domstiftsbesitz erwähnt. Nach 1411 baute man die Kirche gotisch, in den Jahren 1721-1738 wurde sie völlig barock umgestaltet, sicherlich mit Hilfe des Grafen Anton Sigmund Thaddäus Ruepp und seiner Gemahlin, deren Wappen noch am Kirchturm zu sehen sind. Diesen Umbau führte der aus Hausstatt bei Feilnbach stammende Maurermeister Abraham Millauer aus, der als tüchtiger Landbaumeister mindestens 15 Kirchen in Bayern und Tirol errichtete. Als Stuckateur holte man sich den Freisinger Thomas Glasl aus der Werkstatt der Asam. Er versah das weit gespannte Gewölbe mit einem leichten Frührokokostuck: mit bewegtem Schlingenwerk, mit Blättern,

Blütenranken und Gitterfeldern, Blumengewinden und Puttenköpfen. Der Kufsteiner Franz Stitz, bekannt von seinem Meisterwerk in Söll, schuf die Altäre mit vollendeten Rokokoschnitzereien, das Beste im Inntal. Der Münchner Georg Sang malte im Jahre 1721 das Hochaltarblatt, während das Bild des Stephanusaltars von Caspar Amort stammt. Teile der figürlichen Ausschmückung rechnet man dem Künstlerkreis um Josef Götsch oder Johann B. Straub zu (z. B. die Figuren des Hochaltars). Von höfischer Eleganz ist die „Verkündigung" auf der Tabernakeltür. Feinstes Rokoko sind ferner die Pietà des Rosenkranzaltars und die dazugehörenden Bildtafeln der sieben Schmerzen Mariens. Schließlich versah der einheimische Maler Sebastian Rechenauer d. Ä. 1803 die Decke mit den noch fehlenden Gemälden. Das Erdgeschoss des Turmes birgt heute die alten Grabdenkmäler der Falkensteiner. Als Mutterkirche eines großen Bezirks und Grablege der Grafen besitzt die Kirche noch weitere Kostbarkeiten.

Um sie herum liegt der alte Friedhof mit seiner spätgotischen Allerheiligenkapelle, mit Grabkreuzen und kleinem Karner; sie bilden einen Kontrast zur barocken Pfarrkirche.

10. Burg Falkenstein b. Flintsbach

Am südlichen Ortsausgang von Flintsbach führt eine SandStraße durch den Bergwald hinauf, zuerst vorbei am Falkensteiner Turm, dann steil empor neben Wasserfällen zum Einödhof „Wagner am Berg" und am Rachelfelsen vorbei, weiter zur Petersbergkirche oder hinaus zum „Bauern am Berg" und zu den noch höher gelegenen Astenhöfen. In der Burg Falkenstein saß zu Beginn des 11. Jahrhunderts ein Geschlecht, das im Gebiet westlich des Inns von Rattenberg bis Rosenheim die Ordnungsmacht ausübte. Die Falkensteiner Grafen verwalteten auch das Vogteigericht Aibling und die Mangfallgrafschaft Neuburg bei Vagen. Durch Heirat hatten sie Hartmannsberg westlich des Chiemsees und Herrantsberg im Wiener Wald erhalten. Ihre erste Burg stand auf dem Rachelfelsen, an dessen Fuß heute ein Schotterwerk sich immer mehr in den Felsen hineinarbeitet. Noch sieht man verfallene Mauern, kann den alten Auffahrten nachspüren und ahnt den verwegenen Wehrbau, der im Kampf Adolfs von Nassau gegen Albrecht von Österreich um 1296 zerstört wurde. Damals brachte man auch den Petersberger Reliquienschatz nach Andechs, und die früher bayerischen Gerichte Aurburg, Kufstein und Rattenberg wurden gebildet. Das war das Ende der ersten Falkensteinburg. Die zweite Burg baute man später an der heutigen Stelle wieder auf; nun saß ein bayerisch-herzoglicher Burggraf in ihr (1272-1556). Von dieser Burg stehen nur noch Umfassungsmauern und andere kärgliche Reste; der alte Wehrturm aber ist erhalten und wird heute noch bewohnt. Von den Herren auf der alten Burg wissen wir noch: Siboto I., verheiratet mit der Sulzbacherin Adelheid, die ihm Hartmannsberg einbrachte, gründete Kloster Weyarn; dort fand er auch seine Ruhestätte. Siboto III. schrieb den berühmten Falkensteiner Codex, ein wertvolles Güterverzeichnis seiner Zeit. Spätere Geschlechter auf der zweiten Burg waren die Hundt von Lauterbach (1556-1642/49) und die Ruepp aus München. Im Jahre 1768 übernahmen die Grafen Preysing, die auf dem Schloss Brannenburg saßen, das Falkensteiner Erbe. Die Preysinger bauten den alten Falkensteiner Sitz aber leider nicht mehr auf, nachdem er im Jahre 1789 niedergebrannt war.

11. Petersberg b. Flintsbach

In herrlicher Lage, hoch über dem Inntal, das sich hier nach Norden ins bayerische Land hinaus öffnet und die Berge hinter sich lässt, steht die Kirche breit und niedrig hingebaut als ein äußerlich schlichter Bau in der grandiosen Bergwelt. -
Einst sollen Petrus und der Teufel gestritten haben, wer wohl zuerst auf dem Madron (Petersberg) ankomme. Der Teufel fuhr in seinem Wahn durch den Felsen, blieb aber darin stecken. Petrus stieg normal zur Höhe, und seitdem gehört der Berg ihm.
Nach Aufzeichnungen aus dem 14. Jahrhundert soll Graf Rasso von Dießen-Andechs St. Peter gegründet und Mönche von Wessobrunn hierher gerufen haben. Reich bestiftet durch die Falkensteiner Grafen, wurde es eine Wallfahrtsstätte zur Aufbewahrung von Reliquien. Bittgänger - sogar aus Tirol - kamen herauf. Heute ist es wegen des herrlichen Rundblickes

nur mehr ein beliebtes Ausflugsziel. Der jetzige Kirchenbau, seit 1139 sicher bezeugt, ist ein rechteckiges einschiffiges Langhaus, an das man vor 1388 die Andreaskapelle (jetzt Sebastiankapelle) anbaute. Das romanische Rundbogenportal mit den am Fuß angebrachten Widder und Bär ist beachtenswert, ebenso die Würfelkapitelle und die Gesimse mit Blatt- und Weinranken, in denen Vögel an einem Blatt picken. Eng ist die Pforte, breit aber das Innere, das durch seine Kassettendecke in Holz (um 1608) Geborgenheit und Wärme ausstrahlt.

In dem 1676 von Propst Johann Konrad Herold zu Höflingen und Schönau gestifteten barocken Hochaltar befinden sich die Patrone der sieben römischen Hauptkirchen: Petrus, Paulus, Johannes der Täufer, Maria, Laurentius, Sebastian und Heiliges Kreuz (auf dem Tabernakel). Der linke Seitenaltar ist Maria geweiht und enthält eine Nachbildung des Gemäldes von Lucas Cranach, während sein rechtes Gegenstück dem Wasserpatron Nikolaus gewidmet ist. Die Sebastianskapelle mit den Pestheiligen Sebastian und Rochus, dem Münchner Stadtpatron Benno und dem Reliquienschrein des hl. Viktor sowie die alte Pestkerze zeugen von früherer Not. An den Wänden hängen große Ölgemälde von 1620 (Petrusgeschichten). Beim Verlassen der Kirche sehen wir das romanische Holzkruzifix, das bedeutendste Werk dieser Kirche, inmitten von zwei spätgotischen Engeln und 10 Rokoko-Apostelbüsten. Im Giebelfeld der äußeren Westwand steht die älteste Petrusplastik unseres Landes. Über dem Eingangsportal des früheren Propsteihauses sind noch der Name seines Erbauers und die Jahreszahl 1696 zu lesen.

12. Biber b. Degerndorf

Südwestlich von Degerndorf erhebt sich ein dicht bewaldeter nagelfluhartiger Bergrücken, die Biber genannt, von Degerndorf aus in 15 Minuten zu erreichen. Seit einem Jahrtausend als Steinbruch benutzt, trägt er seit 1611 die Magdalenenkirche. Im Jahre 1626 baute sich der Eremit Hanns Schell in den Felsen auf der Südwestseite seine Klause und betreute das Kirchlein. Dieses entwickelte sich zu der bekannten Wallfahrt auf der Biber. Von einer breiten Mauer mit den 14 Kreuzwegstationen umgeben, steht es steil über dem Abhang; fürwahr, ein heiliger Bezirk, geeignet zum Ausruhen und Nachdenken. Das weit nach Osten vorgezogene Dach lädt ein und schützt zugleich. Stuckateure des Miesbacher Kreises haben Kircheninneres und Kapelle mit einem genau eingeteilten frühbarocken Stuckdekor versehen. Noch spürt man die Regelmäßigkeit der Renaissance mit profilierten Ornamentleisten, Querbändern und genau gezogenen Vierpassen und Rechteckfeldern, aber auch schon frühes Leuchten barock aussehender Puttenköpfe, Rosetten und Ranken. Der Altar von 1664 ist ein frühbarocker Säulenaufbau des Oberaudorfers Georg Millner. Die Stationen der Umfassungsmauer entstanden 1735. Leider wurden die ursprünglichen Figuren 1849 durch die jetzigen ersetzt. Die 13. Station mit ausgezeichnetem Vesperbild stiftete Graf A. S. Th. Ruepp von Falkenstein. Die 14. Station ist als Heiliges Grab inmitten des Platzes in die aufsteigende Wiese hineingebaut.

In Degerndorf, schon im Jahre 814 als Kirchenort bekannt, sollte man das alte Perthalerhaus in der Dorfstraße beachten. Die Perthaler waren geschickte Barockschnitzer; Kirchenportale, Beichtstühle, Stuhlwangen, Bauernschränke und Bauernstuben gingen aus ihrer Hand hervor.

Das alte Ägidienkirchlein aus dem 15. Jahrhundert wurde später barockisiert. Sein Altar mit weinumrankten Säulen ist dem der Biberkirche ähnlich und stammt von derselben Hand. Von großer Feierlichkeit ist das Christusbild von 1638. Das Kirchlein steht organisch neben einem uralten Bauerngehöft und dem Dammbach, kaum gestört von der nahen Unterkunft der seit 1936 hier ansässigen Truppe der Gebirgspioniere.

13. St. Margarethen

Mitten in den grünen Abhängen der Hochsalwand und des Breitenberges steht St. Margarethen, ein viel besuchter Ausflugspunkt des Inntals. Lauter einschichtige Bauernhöfe liegen hier verstreut als typische Siedlungshöfe des 12. Jahrhunderts, unter den frühen Falkensteinern entstanden und grundherrlich der Petersbergkirche übereignet. Für das Patronat der Kirche wählte man die beliebte Rodungsheilige St. Margarethe. Ursprünglich bestand nur die vordere Hälfte des Kirchenschiffes. Vor 1500 baute man das heutige Presbyterium und in der Barockzeit eine Verlängerung des Schiffes nach Westen. Seit der Freilegung der spätgotischen Fresken im Chorraum ist das Kirchlein wirklich einen Besuch wert. Motiv und Wahl dieser Bilder bewegen sich ganz in mittelalterlichen Glaubens- und Lebensvorstellungen. Dargestellt sind Legenden und biblische Szenen.

Margarethenlegende: Die Hirtin Margarethe wird von dem heidnischen Stadtpräfekten zur Frau begehrt, erleidet wegen ihrer Ablehnung eine grässliche Folterung und besteht diese Glaubensprobe, obwohl der Satan sie zu „verschlingen" droht; Katharinalegende: Gelehrtenstreit, Räderung und Enthauptung.

Bilder von Johannes dem Täufer und der hl. Barbara; Petruszyklus: Gefangennahme, Martyrium und Primat; eine beachtenswerte Zusammenstellung aus der Zeit des wirren 15. Jahrhunderts. Die Fensterlaibungen zeigen beliebte Heilige unseres Volkes: Ottilia, Nikolaus, Eligius (Pferdepatron), Magdalena, Johannes der Evangelist, Stephanus und Georg. Das seitlich angebrachte, in kräftigem Rot ausgeführte Rankenwerk, das sich in den Feldern des Sternrippengewölbes fortsetzt, zählt zum Kostbarsten dieser kleinen Bergkirche. Ein kräftiger Chorbogen mit variierenden Mustern in Gelb schließt diesen Raum ab. An der nördlichen Schiffswand hängen ein gotischer Flügel, Rest eines früheren Schreinaltars, fünf Schnitzfiguren sowie zwei barocke Plastiken, eine Muttergottes mit Kind und eine St. Anna Selbdritt.

Nach dem Kirchenbesuch lohnt sich ein Gang auf den Bergfriedhof mit der Gedenktafel für die Dientzenhofer und ein Blick hinunter ins Tal. Frühling und Herbst verzaubern hier alles beinahe in eine Märchenlandschaft.

14. Brannenburg

Die Brannenburger waren ursprünglich Dienstmannen der Falkensteiner und unterstanden kirchlich dem nördlich davon gelegenen Großholzhausen. 1242 wurde der Ort bayerisch, im Jahre 1598 kam er an Wolf Dietrich Hundt, der bereits Falkenstein besaß. Von diesem Geschlecht ging Brannenburg 1728 an Johann Max III. Graf von Preysing auf Hohenaschau über. Schließlich wurde es im 19. Jahrhundert bürgerlicher Besitz. Das Schloss wurde 1872-1875 in neugotischen Formen neu erbaut. Nur der Neptunbrunnen davor lässt die geschichtsreiche Vergangenheit spüren.

Südlich des Schlosses schmiegt sich in teils reizvollen Gehöften und Siedlungshäusern der Ort an die sanft ansteigenden Höhen, die einst durch Niederbrennen des Waldes für die ersten Brannenburger gewonnen wurden. Die jetzige Kirche Mariä Himmelfahrt soll durch den Brannenburger Hofmarkbesitzer Kaspar Winzerer (1506-1543) neu erbaut worden sein. Leider wurde die alte Gruftkapelle der Brannenburger und der Herren des nahen Sitzes Mooseck abgerissen; einige gute alte Grabsteine dieser Geschlechter sind in die Innenwände der Kirche eingebaut. Die drei Altäre stammen aus der Barockzeit (1685).

Hinter dem Brannenburger Schloss geht ein bewaldeter Fußweg nach Schwarzlack. Dort ließ sich 1659 der Eremit Georg Tanner bei einer „schwarzen Lacke" nieder, erbaute sich Klause und Kapelle und hängte ein Mariahilfbild auf. Wegen der sich ausweitenden Wallfahrt wurde die Kapelle in den Jahren 1752-1753 zur Kirche ausgebaut. Baumeister war Philipp Millauer, Maurermeister von Hausstatt bei Feilnbach. Den Plan dazu aber dürfte sein Vater, Abraham Millauer, entworfen haben. Die Decke zeigt zierliches Frührokoko, deren Gemälde stammen von Sebastian Rechenauer d. Ä., der in Schweinsteig oberhalb Schwarzlack wohnte. Den Hochaltar mit charakteristischer Baldachinbekrönung schuf Josef Götsch; in der Mitte des Altars befindet sich das Gnadenbild, auf das der kniende hl. Johannes von Nepomuk hinweist. In der ehemaligen Klause hinter der Kirche kann man sich erfrischen, über den Berggasthof Kogl ins Tal, oder hinüber nach St. Margarethen wandern.

15. Nußdorf

Seitdem der Mesner von Nußdorf im Jahre 1830 hundert römische Münzen auf den „Maueräckern" gefunden hatte, weiß man vom Aufenthalt der Römer in diesem Inntaldorf, das im Jahre 788 salzburgischer Pfarrort war. Als Kaiser Heinrich IV. von Canossa zurückkehrte, stiftete er von hier aus das Benediktinerkloster Georgenberg. Oberhalb des Steinbachs stand einst die Burg der Herren von Klammenstein. Vermutlich ein Bergrutsch brachte die Burg zum Einsturz. Der letzte Klammensteiner, Ritter Konrad († 1402), liegt im Kloster Indersdorf begraben. Auf der Nordseite des Steinbachs hausten die Ramsauer; 35 zehentpflichtige Höfe gehörten ihnen. Die Leonhardskirche am Südwestrand des Dorfes soll auf der hier durchziehenden Römerstraße stehen; im Turmerdgeschoss ist noch ein uraltes Steinrelief eingemauert. Früher war der hl. Nikolaus, der Patron der Innschiffer, Kirchenpatron. Dann aber wurde das Gotteshaus Leonhardiwallfahrt mit Pferdeumritten. Die Verehrung Unserer Lieben Frau vom Berge Karmel wurde vom Kloster Reisach gefördert. Die reiche Rokokoausstattung stiftete 1760 der Rohrdorfer Maurermeister Andreas Vordermayer. Die in Grisaille gehaltenen Medaillons im Presbyterium zeigen marianische Vorbilder. Das Hochaltarbild malte der Flintsbacher Sebastian Rechenauer d. Ä.: St. Leonhard als Fürbitter der Gefangenen, Kranken und für das Vieh, dahinter trifft ein Blitzstrahl den heidnischen Hirtengott Pan.

Über der Schlucht des Steinbachs baute sich 1644 der Einsiedler Michael Schöpfl an einer Quelle eine Klause. In einer hölzernen Klause stellte er sein aus Rom mitgebrachtes Marienbild auf. Daraus entwickelte sich die Wallfahrt von Kirchwald. Der jetzige Kirchenbau wurde 1718-1722 errichtet, Wolfgang Dientzenhofer aus Aibling war der Baumeister. Die Kirche besitzt den reichen Bestand von 97 Votivtafeln, die von der Not auf dem Inn oder von unseligen Kriegszeiten berichten, und schöne Prozessionsstangen mit Inschriften. Neben der Kirche steht die noch heute besetzte Klause eines Eremiten: Er versieht den Wachdienst an dieser einsam gelegenen Waldkirche inmitten der grünen Äsung.

16. Neubeuern

Der Marktflecken Neubeuern ist eines der schönsten Dörfer Südostbayerns. Er besteht eigentlich aus dem Ortsteil Altenmarkt, dem neuen Markt (dem jetzigen Neubeuern mit Kirche, Bürgerhäusern und herrschaftlichem Bräuhaus) und dem Schloss auf dem Hügel. Seine Entstehung hängt mit der Innschifffahrt zusammen. Vor der Innregulierung war hier einer der geeignetsten Anlegeplätze. Geschichtlich sicher greifbar wird der Ort mit Graf Konrad von Megling-Frontenhausen, dem letzten Spross dieses Geschlechts, verschwägert mit den Falkensteinern, 1204-1226 Bischof von Regensburg. Er hatte Beuern und das ganze Gebiet rechts des Inns von Rattenberg bis hierher wahrscheinlich als aribonisches Erbe erhalten und übergab es nun seinem Domstift. So war Neubeuern lange Zeit regensburgisch. Als die Regensburger jahrzehntelang am gotischen Dom bauten und Geld brauchten, wurde es 1388 an den Ritter Hartprecht von Harskirchen bei Ampfing verkauft. Wegen seines hohen Ansehens beim Herzog erhielt Hartprecht 1393 für Neubeuern die Bestätigung des Marktrechtes und die niedere Gerichtsbarkeit. Schon 1400 wurde Wolfhard von Alben auf Schloss Triebenbach bei Laufen Herr von Neubeuern, im Jahre 1403 Jakob von Thurn, der wegen einer Bluttat seine salzburgische Heimat hatte verlassen müssen. Im Dreißigjährigen Krieg wechselte es an die Maxlreiner und 1668 (bis 1672) an die Preysinger auf Hohenaschau. Unter diesen erhielt es die Braugerechtsame.
Das Schloss, im Österreichischen Erbfolgekrieg hart mitgenommen, wurde nach Plänen des Hofbaumeisters Ignaz Gunetzrhainer von Philipp Millauer 1751 neu gebaut; nur der alte Bergfried blieb stehen.
Die Pfarrkirche war einst bedeutende Marienwallfahrt, da am 20. Januar 1428 die kleine Glocke der Kirche von selbst geläutet haben und am Karfreitag 1512 die Kirche nachts wunderbar beleuchtet gewesen sein soll. Sie besitzt einen beachtlichen Spätrokokoaltar mit dem Gnadenbild aus dem 15. Jahrhundert und Arbeiten von Josef Götsch. Die Bürgerhäuser am Markt mit ihren barock bemalten Giebelfronten sind Neubeuerns Sehenswürdigkeit. Darin wohnten die Gastwirte und Schiffsmeister. Nach Westen und Osten ist der Markt durch je einen Torbau abgeschlossen.

17. Altenbeuern

Um 976 wurde Altenbeuern an der ehemaligen Römerstraße als „Pura" bezeichnet; seine Kirche wurde bereits 788 als „ad Burones" genannt. Von den Chiemgaugrafen der Aribonen kam der Ort an das Hochstift Regensburg, nachher waren die Harskirchner seine Besitzer und später die Stettner von Altenbeuern, dann die Wending, die Freiberg von Hohenaschau und Kaspar Pienzenauer auf Brannenburg. Die Burg lag einen Kilometer östlich des Ortes, man nannte sie „Althaus". Nur der gleichnamige Meierhof, der zu ihr gehörte, ist übrig geblieben. Nachdem um 1607 ein Blitz in diesen hochgelegenen Sitz eingeschlagen hatte, wurde er nicht wieder aufgebaut. Als die Herren von Thurn auf Neubeuern saßen, erwarben sie auch Altenbeuern; nach ihnen kam die Preysing auf Hohenaschau. Andere Historiker nehmen an, der Name Althaus käme von Alta, einer Tochter des Grafen Adalbert und der Rihni, die als Erbgut Althaus erhalten hatte. Sie war vermählt mit einem gewissen Ottokar, dessen Geschlecht als Grafen im Isengau und später als Markgrafen der Steiermark auftrat. Die im Jahre 788 genannte Kirche von Altenbeuern wurde vermutlich von den Ungarn zerstört, da 963 durch den Erzbischof Friedrich eine Kirchweihe stattfand. Der jetzige Bau stammt aus dem 15. Jahrhundert. Änderungen im Inneren wurden im 17. und 18. Jahrhundert durchgeführt. Im Chor sind alte Fresken sichtbar, gestiftet vom Neubeurer Schiffsmeister Wolf Hupfauf.

Die Sehenswürdigkeit der Altenbeurer Kirche ist das Mittelstück des früheren spätgotischen Schreinaltars: die Heilige Dreifaltigkeit, von einem Rosenheimer Schnitzer um 1500 als thronende Dreipersönlichkeit mit zugewandten Gesichtern dargestellt. Die Rückseite des Hochaltars ist bemalt. Die drei Holzepitaphyen mit reichen Renaissanceformen - Auferweckung des Lazarus, Erlösung der Menschheit durch Christi Tod und Szenen aus der Geschichte der Arche Noah - sind beachtenswerte Werke des 16. Jahrhunderts. Auch schöne alte Grabsteine in der Kirche sowie die Rotmarmorplatten von 1425 und um 1550 an der Außenwand bezeugen die Bedeutung dieses Ortes, ferner dass Altenbeuern vor Neubeuern der Mittelpunkt dieses Landstriches war und hier schon sehr frühzeitig „große Geschichte geschrieben" wurde.

18. Rohrdorf

Rohrdorf, durch eine eigene Autobahnausfahrt leicht erreichbar, ist weithin gekennzeichnet durch seine hoch liegende Kirche und die dahinter rauchenden Fabrikschlote eines Zementwerkes. Der Ort hat eine reiche Geschichte, denn hier führte die Römerstraße von Tirol nach Pfunzen durch. Die Siedlung wurde im Jahre 788 neben Ebbs, Erl, Nußdorf, Lauterbach, Höhenmoos, Altenbeuern, Riedering als salzburgischer Kirchenort aufgezählt. Hier hatte die hochedle Frau Rihni, eine Schwester des Markgrafen Luitpold und Tante des Herzogs Arnulf, der 907 im Kampf gegen die Ungarn fiel, ihren Wohnsitz. Sie war die Gemahlin des Grafen Adalbert, der im Chiemgau einen weit verzweigten Besitz hatte. Als Rihni später ins Kloster Chiemsee eintrat und Adalbert Erzbischof von Salzburg wurde (923-935), schloss man in Rohrdorf einen wichtigen Güter- und Erbvertrag. Später war Rohrdorf im Besitz der Falkensteiner. 1543 kam es teilweise an die Herren von Thurn auf Neubeuern und somit an diese Hofmark. - Die Pfarrkirche zum hl. Jakobus, schon 788 erwähnt, wurde um 1773 barockisiert, vermutlich durch den churfürstlichen Hofmaurermeister Leonhard M. Gießl. Der Bau stellt bereits einen Übergangstyp zum frühen Klassizismus dar. Der Hochaltar, geschaffen von einem Schweizer Jesuitenkünstler, stammt aus der durch die Säkularisation Kaiser Josephs II. 1787 aufgehobenen Damenstiftskirche zu Hall in Tirol. Sein mächtiger Unterbau wird bestimmt durch Blüten umwundene Säulen mit kräftigem Gebälk. Das Altarblatt, die Heimsuchung Mariens, malte der Münchner Johann Dengler um 1712. Das Kleinod der Kirche ist die lebensgroße geschnitzte Figur des hl. Jakobus vom Meister von Rabenden; aber auch die seitlich stehenden Märtyrer Prozessus und Martinianus (um 1712) sind ebenfalls beachtlich wie auch die Figuren des südlichen Seitenaltars aus dem Kreis um Ignaz Günther. - Lauterbachs Kirche, ursprünglich ein gotischer Bau, wurde in den Jahren 1750 bis 1755 barockisiert und mit einem reichen Frührokokostuck versehen. Der Hochaltar, die bewegt geschnitzte Kanzel und das Gestühl stammen aus derselben Zeit und sind wertvolle Frührokokoarbeiten. Schon um das Jahr 788 war das Gotteshaus von „Lutrinpah" salzburgische Pfarrkirche.

19. Roßholzen

In einer breiten Talsenkung zwischen Dandlberg und Samerberg liegt der Weiler Roßholzen. Nur wenige Häuser gruppieren sich um die Bartholomäuskirche. Schon im Jahre 788 wird es als „Hrossulza" erwähnt. Sprachforscher meinen, dies bedeute so viel wie „sumpfige Rossweide". Später hieß das ganze Gebiet „Rossoltesperge", heute Samerberg nach den Samern. Die Bartholomäuskirche war bis zum 19. Jahrhundert bedeutende Wallfahrt. Der jetzige Kirchenbau stammt aus der zweiten Hälfte des 15. Jahrhunderts, aus der Zeit, als jedes Dorf sein Gotteshaus spätgotisch umbauen wollte. 1755 barockisierte der Rohrdorfer Maurermeister Andreas Vordermayer die Kirche, nachdem bereits dreißig Jahre vorher barocke Altäre aufgestellt worden waren. Die Stuckaturen und der Doppelsäulenaufbau des Hochaltars zeigen schon die Stilart des Frührokoko. Der hl. Bartholomäus, im Hochaltar auf einem Thron sitzend, ist eine freie Nachschnitzung des Jakobus in der Rohrdorfer Pfarrkirche. Daneben befinden sich der heilige Papst Urban, Patron der Weinbauern, und Johannes der Evangelist, beide kraftvolle spätgotische Arbeiten aus dem früheren Schreinaltar. Eine Kostbarkeit der Kirche sind die gut erhaltenen Flügel des gotischen Altars, nämlich vier große geschnitzte Reliefs mit Szenen aus dem Martyrium des Kirchenpatrons. Die Reliefs zeigen in fast realistischer Form die grausamen Szenen der Folterungen des hl. Bartholomäus und vermitteln die Lebens- und Kunstauffassung der damaligen Zeit (um 1510). Auch vom südlichen gotischen Seitenaltar sind noch Teile vorhanden: zwei Seitenflügel mit den Heiligen Laurentius und Andreas. Die Reliefs werden dem Meister von Rabenden zugeschrieben. Der Rest eines großen Tafelbildes auf der rechten Seite mit einem gemalten Jüngsten Gericht „lässt uns ahnen, dass die Malerei des Hochaltars der Schnitzarbeit durchaus ebenbürtig war" (Bomhard). Das barocke Bild der sieben Zufluchten aus dem Jahre 1779 zeigt, wie man gerade in damaliger Zeit beliebte Volksandachten systematisch zusammenordnete.
Von hier aus sollte man noch nach Steinkirchen gehen, denn das romanische Kruzifix, welches man dort vorfindet, ist die halbstündige Wanderung wert.

20. Pang, Western- und Pfraundorf

5

Längst vor der Gründung Rosenheims waren im Südwesten der Stadt recht beachtliche Dörfer entstanden. Man nannte diesen fruchtbaren Wiesen- und Ackerboden zwischen Inn und Aiblinger Moor den „Wasen". Am unteren Wasen liegt Pang, die älteste Siedlung, die schon im 8. Jahrhundert dem Freisinger Domstift geschenkt wurde. In späteren Jahren war hier das Geschlecht der Panger ansässig; als die Panger 1368 ausstarben, kamen die mit ihnen verwandten Waldecker in den Besitz der Ortschaft und schließlich 1598 die Auer auf Pullach bei Aibling. Diese wurden im Dreißigjährigen Krieg von den Lambergern abgelöst.

Die Kirche von Westerndorf am Kaltenbach erinnert mit der eigenartigen Zwiebelkuppel beinahe an östliche, byzantinische Formen. Sie ist in den Jahren 1667-1670 von Konstantin Bader, der auch Maria Birnbaum bei

Aichach erbaut hat, errichtet worden. Den reichen Frühbarockstuck hat die Miesbacher Stuckatorenschule ausgeführt.

Aising, aus dem 8. Jahrhundert - einst Tegernseer Besitz wie das nahe Fürstätt und Reischenhart -, Pfraundorf am Inn mit seiner Nikolauskirche, Redenfelden, das „Ratinweg" von 828, Raubling, im Jahre 836 „Rupilinga" genannt, Kirchdorf, als solches 1170 bezeichnet, Happing von 1130 - alle diese Orte liegen in der Nähe eines Hochweges beim „HochStraßer", einem alten Höhenweg aus spätrömischer Zeit, der der Innbrücke bei Pfunzen zustrebte.

Die Perle des Wasens ist die Heilig-Blut-Kirche. Ihre Entstehung im 15. Jahrhundert wurzelt in der intensiven Verehrung der Passion Christi. Die Wallfahrt hierher erreichte im 17. Jahrhundert ihren Höhepunkt. Die stattliche Kirche mit einem stark betonten Kuppelturm stammt aus jener Zeit. Das Innere vermittelt einen prachtvollen Eindruck. Den Stuck im Chor führte ein Italiener aus dem Kreis der Zuccalli in hochbarocken Formen aus. Das Kleinod der Kirche ist der Gnadenstuhl (um 1520) des Meisters von Rabenden im barocken Hochaltar. Von den Seitenaltären ist besonders der Sebastiansaltar mit seiner bis zur Decke reichenden Bilderwand beachtenswert. In der Brunnenkapelle fließt jener „Brunnen", der die „Hauptursach gewesen, warum die Haubtkürche erbauet" worden ist. Die Wallfahrtskirche ist seit dem Jahre 1954 Pfarrkirche.

21. Rosenheim

6

Rosenheims Entstehung hängt zusammen mit dem Untergang von Pons-Aeni (Pfunzen) und dem Zerfall der alten Grafschaften Falkenstein und Wasserburg. Im Jahre 1233 hatte Graf Konrad von Wasserburg für den Fall seines Todesohne Nachkommen in einem Erbvertrag die Grafschaft seinem Vetter, dem Herzog Otto II. von Bayern, vermacht. Gleichzeitig stiftete er 1235 das Kloster Altenhohenau und begüterte es reich mit Ländereien. Zur Ausübung seiner gräflichen Rechte rechts und links des Flusses hatte er sich vorher in Schloßberg einen Sitz gebaut. Als nun sein Erbvertrag rechtsgültig wurde, übernahm der Bayernherzog Schloßberg und das gegenüberliegende, allmählich sich entwickelnde Rosenheim, zu dem bereits seit dem Zerfall von Pfunzen eine Brücke hinüberführte. Kurz vorher war auch das Amt Aibling herzoglich-bayerisch geworden. Bei der bayerischen Landesteilung 1255 war bereits das Pfleggericht Rosenheim im Besitz des niederbayerischen Herzogs. Aus Rosenheim entwickelte sich eine typische Innenstadt, die im Jahre 1328 zum Markt und 1864 zur Stadt erhoben wurde. Zuerst entstand der Innere Markt (Max-Josefs-Platz) mit dem heute noch bestehenden Mittertor, dann der Äußere Markt (Ludwigsplatz). 1315 wurde erstmals die Nikolauskirche

erwähnt, die 1602 den Pfarrsitz von Pfaffenhofen an sich zog. Zur Lagerung des von Reichenhall kommenden Salzes baute man den Salzstadel und zur Versiedung der hierher geleiteten Sole 1807-1810 die Saline.
Die Bürger wohnten in den über breiten Laubengängen errichteten Häusern. Für die Armen und Siechen bauten sie das Heilig-Geist-Spital und das Bürgerspital bei St. Josef (1618), in der Pestzeit, 1634, die Sebastianskapelle, 1636 die Loretokapelle, 1737 die Kapelle zu den hl. sieben Zufluchten (Rossacker). Auf Wunsch des Kurfürsten Maximilian I. kamen 1604-1606 die Kapuziner. So entwickelte sich Rosenheim immer mehr. Als der Inn zwischen seine jetzigen Ufer gezwungen wurde und die erste Eisenbahn fuhr, waren die Voraussetzungen geschaffen für die Entwicklung zur Industrie- und Handelsstadt, zum wirtschaftlichen Mittelpunkt des Inntals und des südöstlichen Oberbayern.

22. Die Schifffahrt zwischen Kufstein und Rosenheim

Schon der Römer Eugippius berichtete, dass Kornschiffe im Eis des Inns tagelang stecken geblieben waren. Auch in unserem Bereich hatte man schon damals Anlegeplätze, etwa südlich von Nußdorf am so genannten Heiratsgraben und bei Scheuern (Altenbeuern). Namen wie Urfahrn und Urstall geben uns die Stellen der Überfahrten an, „Heft", wo man das Schiff „anheftete". Die bedeutendsten Häfen waren Kufstein, Neubeuern und Rosenheim. Die Schiffe nannte man Plätten; am Vorderteil war der spitze Gransel, am rückwärtigen Teil der breite Stoir. Meist fuhren solche Plätten nur flussabwärts, am Zielort zerschlug man sie und verkaufte das Holz. Die Schiffe, die auch den Weg flussaufwärts machten, hießen Hohenauer. Die Begleitschiffe, über welche die Seile gespannt waren, nannte man Seilmuzen, andere Begleitboote hießen Nebenbeier oder Waidzille. Für eine Bergfahrt brauchte man 30 bis 50 starke Pferde. Befördert wurde vor allem Getreide in das Gebirge. Flussabwärts bei der „Naufahrt", transportierte man Holz, Kohlen, Mühl- und Schleifsteine, Erz aus Tirol und Wein aus dem Süden. Die so genannten Rossplätten beförderten die Pferde, die man flussaufwärts brauchte, flussabwärts. Der Vorreiter hatte die Verantwortung für seine Rösser, die er vorher anwerben musste. Mit dem Gebetsruf „Nun alles auf in Gotts Nam" ging die Fahrt los, während der Seßtaler auf dem Dach des Hauptschiffes rief „Heft ab in Gotts Nam". Die Bergfahrt kostete die ganze Kraft, wenn Flusswege ausgingen, Pferde übergesetzt werden mussten oder es durch Wasser und sumpfige Niederungen ging. Da riefen die Schiffer vertrauensvoll zum heiligen Nikolaus um Hilfe. Die vielen ihm geweihten Kirchen am Fluss, Bildstöcke, Kirchenfresken, Bruderschaften und Zunftstangen sprechen von Not und Tod oder überstandener Gefahr; auch einige Votivtafeln von Unglücksfällen sind erhalten. Von den Schiffsleuten zählten die Schiffsmeister zu den begüterten Inntalbürgern, außerdem die Schiffsbauer, die Schopper, welche die Fugen ihrer Plätten mit Moos und mit Holzspänen „ausschoppten". Die Schifffahrt auf dem Inn kam im 19. Jahrhundert, mit dem Einzug der Eisenbahn ins bayerische Land und lange vor der Errichtung der Kraftwerke am Inn, völlig zum Erliegen.

23. Pons-Aeni[7]

8

Wo einst die Innbrücke über den Fluss führte, endete das Leben des oberen Inntals oder ging hinaus in andere Richtungen. Der Brückenkopf Pons-Aeni befand sich zu beiden Seiten des Inns, im Bereich von Pfaffenhofen, Westerndorf, Langenpfunzen und Leonhardspfunzen. Die Innbrücke war zugleich der Kreuzungspunkt der Ost-West-Straße Salzburg-

Augsburg und der Süd-Nord-Straße Innsbruck-Regensburg. Letztere kam auf dem rechten Flussufer südlich vom Doblergraben die Innleite herab, während die andere Straße - von Zaisering kommend - bei Mühltal in die Ebene führte. Beim Doblergraben fand man ein römisches Bestattungsfeld. Westlich von Pfaffenhofen floss damals der Inn. Hier überquerte die Straße den Fluss, um in westlicher Richtung auf Feldkirchen, die Süd-Nord-Straße aber über Ramerberg-Haag nach Isura (10 km nördlich v. Landshut) und Regensburg zu ziehen. Die Truppenunterkünfte sollen auf der Höhe bei Obern- und Niedernburg gelegen haben, während man in Westerndorf und auf dem Kastenfeld bei Pfaffenhofen die berühmten Töpfereien von Pons-Aeni vermutet. Im Rosenheimer Stadtmuseum stehen mehrere noch erhaltene Gefäße mit tiefroter Glasur, so genannte „terra sigillata". Die Westerdorfer Töpferwaren gingen weit in die Welt hinaus zum Verkauf und trugen nebst Verzierungen sogar Namen der Künstler und Handwerker. In Pfunzen soll auch ein Viktoria-Heiligtum gestanden haben, dessen Weihestein jetzt in der Pruttinger Kirche zu sehen ist. Der römische Märtyrer Laurentius löste aber schon in spätrömischer Zeit Viktoria ab und begründete den christlichen Kult. Noch heute ist er Kirchenpatron von Pfaffenhofen. Ähnlich kann es auch mit St. Petrus in Westerndorf gewesen sein. Dagegen dürfte die Kirche in Leonhardspfunzen erst mit dem Aufkommen des Leonhardkultes gebaut worden sein. Im 15. Jahrhundert war sie Wallfahrt mit Pferdeumritt.

Drunten im Tal beim Bad Leonhardspfunzen steht die Leonhardikapelle; daneben fließt heilkräftiges (jodhaltiges) Wasser in den Oberteil einer römischen Ara (Denkmalstein) - vielleicht ein Hinweis, dass schon die Römer diesen Heilbrunnen besuchten.

II. MEISTER IM INNTAL[9]

Die Meister im Inntal, gruppiert in den bedeutenderen Orten wie Rosenheim, Neubeuern, Rohrdorf, Flintsbach und Oberaudorf, arbeiteten als Maurermeister und Stuckateure, Kistler, Bildhauer und Maler häufig gemeinsam am selben Werk und meist innerhalb der alten Gerichtsbezirke Rosenheim und Aibling und der Herrschaftsgerichte Falkenstein und Neubeuern. Sie wurden beeinflusst von Meistern aus München, Salzburg und Tirol. Wo ihre Kraft nicht ausreichte oder der örtliche Auftraggeber auswärtige Beziehungen hatte, wurden sie oft übergangen. Ihrem fleißigen Schaffen verdanken unsere Ortskirchen ihr Gepräge.

Bis zum Ende des Mittelalters kennen wir kaum Meister mit ihren Namen. Um 1500 bestanden in Rosenheim drei Schnitzwerkstätten, deren bedeutendster Künstler nach seinem Hauptwerk der „Meister von Rabenden" benannt wird und zweifelsohne der führende Kopf unter den damaligen Bildhauern war. Sein ausgeprägtestes Werk im Inntal ist der Gnadenstuhl von Heilig-Blut bei Rosenheim, ein aus echter Religiosität empfundenes Kunstwerk, das zum Anziehungspunkt einer im 17. Jahrhundert blühenden Wallfahrt wurde. Diesem Meister schreibt man auch zwei Flügel mit den Heiligen Laurentius und Andreas vom ehemals südlichen Seitenaltar in Roßholzen zu, ferner den kleinen hl. Petrus von der Buchberger Kapelle bei Nußdorf, eine im neugotischen Schrein thronende, später aber barock umgeschnitzte Muttergottes in Westerndorf-St. Peter und den thronenden Jakobus in der Pfarrkirche zu Rohrdorf.

Aus Rosenheims zweiter Werkstatt stammt der frühere Hochaltar von Roßholzen, von dem noch die Schreinfiguren - ein thronender Bartholomäus mit Urban und Johannes Ev. - erhalten sind, sowie die Reliefs der Seitenflügel, die in realistischer Art das Martyrium des Kirchenpatrons darstellen.

Die dritte Rosenheimer Werkstatt lieferte die Hochaltarfiguren von Altenbeuern: eine dreipersönlich dargestellte Dreifaltigkeit mit den Salzburger Heiligen Rupert und Virgil, die zwar etwas steif und schlank geschnitzt, aber voll tiefer Würde im Ausdruck sind. Der thronende Petrus mit Paulus und Sebastian in Höhenmoos kam wohl ebenfalls aus dieser Rosenheimer Werkstatt.

Georg Stäber

Die spätgotischen Maler unseres Gebietes bekamen ihre künstlerischen Anregungen meist von Salzburg, da wegen der Bistumszugehörigkeit des Landes rechts vom Inn von dort starke kulturelle Einflüsse ausgingen. So verweisen die Tafelbilder des in St. Florian bei Frasdorf stehenden Flügelaltars am Rand des Inntals auf Frueauf d. J., der in der Art der Donauschule arbeitete und unter dem die salzburgische Malerei des 15. Jahrhunderts ihren letzten Höhepunkt erreichte. Der einzig namentlich bekannte Meister aus dieser Zeit in unserem Gebiet ist Georg Stäber, der in den Rechnungsbüchern von St. Peter in Salzburg „Meister Georg Stäber Maler in Rosenheim" genannt wurde, und zwar, als er 1495/96 den Hochaltar der Margarethenkapelle auf dem alten St. Peters-Friedhof in Salzburg lieferte. Stäber erscheint auch als Siegler in einer Rosenheimer Urkunde. Man nennt ihn einen Schüler des Meisters vom Mauterndorfer Schlossaltärchen, eines Künstlers mit stark realistischer Ausdrucksweise, der wiederum vom Meister von St. Leonhard bei Tamsweg, einem Zeitgenossen Conrad Laibs (aus seinem Kreis soll der Altar von Weildorf bei Teisendorf, jetzt in Freising-St. Klara, stammen), beeinflusst worden sein soll. Stäber soll auch die Rückseiten des Pacheraltars in St. Wolfgang gemalt haben. Der Altar der Salzburger Margarethenkapelle, dessen Flügel später zersägt wurden, ist jetzt im Kloster St. Peter aufbewahrt. In der naturalistischen Gestaltung der Landschaft erinnert das Werk an den noch vorhandenen Altarflügel in St. Margarethen bei Flintsbach, den man der Stäberschen Werkstatt in Rosenheim zuschreiben könnte, da auch die Schilderung der Marter der hl. Margaretha in der Ausführung dem Salzburger Werk gleicht.

Vom südlichen Seitenaltar in Roßholzen sind vom Jahre 1515 die beachtenswerten Bilder der Heiligen Matthäus und Johannes Ev. erhalten, ebenso die Rückwand des Hochaltars mit Resten eines Jüngsten Gerichts, eine „sehr gute Arbeit, welche erkennen lässt, dass die Malerei des Hochaltars der Schnitzplastik durchaus ebenbürtig war". Hervorragend ist auch das aus Steinkirchen stammende Kreuzigungsbild, jetzt in Törwang (um 1460). Die Namen der Meister sind nicht bekannt.

Meister der Miesbacher Bauschule

Als im 16. Jahrhundert die Renaissance „modern" wurde, sich aber meist nur auf Fürstenhöfe beschränkte, blieb die kirchliche Baukunst besonders auf dem Lande noch von der Spätgotik geprägt. Klöster und höfische Auftraggeber haben damals oberitalienische Baumeisterfamilien berufen. Aber bald nach 1650 übernahmen auch einheimische Meister die neue (barocke) Bauweise und bildeten sie selbständig weiter. So kamen in der zweiten Hälfte des 17. Jahrhunderts die Meister der Miesbacher Bauschule auch in das Inntal - führend war die Baumeisterfamilie Zwerger aus Schliersee - und begannen mit der Barockisierung gotischer Kirchen, die dann die ländlichen Baumeister des 18. Jahrhunderts noch umfangreicher fortsetzten. Da die Zwerger Baumeister und Stuckateure waren, gaben sie ihren Werken einen einheitlichen Charakter. Vor allem entwickelten sie den Stuck zu recht eigenen Formen mit den typischen Details an Rosetten, strengen Rahmenfeldern (wie die Münchner Schule), geflügelten Engelsköpfchen und Fruchtgirlanden. Das alles wurde räumlich in die früheren Stichkappentonnen der Gewölbe oder des achteckigen Chorraums, der jetzt freilich mit einer Pilastergliederung versehen wurde, hineinkomponiert. So wurde die vom Münchner Konstantin Bader entworfene und von Georg Zwerger erbaute Rundkirche in Westerndorf am Wasen 1668/69 „mit ungewöhnlich reicher Frühbarockstuckatur" versehen und somit das umfangreichste Werk dieser Baugruppe überhaupt. Es ist hier eine Fülle von Ornamentik zu sehen, die mit Hilfe von Modeln durch die „Gipser" des Georg Zwerger aufgetragen wurde. Diese Quadraturstuckierung wiederholt sich in einfacher Weise in der Magdalenenkirche auf der Biber (um 1673) und in Rosenheim/St. Josef, wo in den größeren Feldern des Chorraumes allegorische Motive der Dreifaltigkeit angebracht sind. Leider wurde eine ähnliche Stuckatur in Neubeuern im Jahre 1776 abgeschlagen, ebenso der von Hans Zwerger 1650 in Altenbeuern angebrachte Stuck (1889). Außerhalb unseres Gebietes arbeiteten die Miesbacher Baumeister und Stuckateure vor allem in Schwaben, Anzing, Fischhausen, Unterdaching, Ilmmünster und in Brandenberg oberhalb Kramsach in Tirol.

Georg Millner

Georg Millner, in der zweiten Hälfte des 17. Jahrhunderts Kistler am Oberaudorfer Burgberg, gilt als der Hauptvertreter des Oberaudorfer Altartypus. Er arbeitete mit der Kufsteiner Altarwerkstatt zusammen. Immer wieder ist bei diesem Typus die Muschelnische für die darunter stehenden Figuren zu sehen und der Knorpel als Ornament verwendet. Es ist eine frühbarocke Art mit Schreinerarchitektur, die von eigenen Malern gefasst wurde, ein Stil, der erst um 1720 durch den Münchner Hochbarock und noch später durch die Altäre des Josef Götsch und dessen fließende Formen abgelöst wurde. Die Altäre der Petersbergkirche mit kraftvollen, frühbarocken Säulenaufbauten, rundbogigen Mittelfeldern, Muschelnischen und Knorpeldekor und ihrer schwarz-goldenen Fassung durch den Oberaudorfer Maler Hans Schäffler sind das deutlichste Beispiel dieser Kunstrichtung.

Schlanker, entsprechend dem Kirchenraum in die Höhe gezogen, sind die Oberaudorfer Seitenaltäre, um 1672 entstanden und wiederum mit Muschelnischen und Knorpelverzierung. Ähnlich sind der Altar der Biberkirche mit breitem dreiteiligem Triumphbogen, Knorpel und Fruchtgebinden von 1664, der Altar in der Nebenkapelle dieser Kirche mit Knorpelkartusche und einem von Millner geschnitzten Bildrahmen und der Altar in der Degerndorfer Ägidienkirche mit Rollbaldachin und knorpelartiger Ornamentik, wobei wiederum Hans Schäffler die malerische Fassung erstellte.

Der um 1689 verstorbene Kufsteiner Thomas Eder bildete zusammen mit dem Maler Gabriel Perger und dem Tischler Johann Edenhofer die Kufsteiner Altarwerkstatt. Als in Rosenheim Blasius Maß arbeitete, lieferte Eder vor allem in den südlichen Teil des bayerischen Inntals recht gute Bildhauerarbeiten, so die sieben Figuren für die Petersberger Altäre (ohne Petrus) und die zu Engeln umgearbeiteten Heiligen Laurentius und Sebastian in der Flintsbacher Pfarrkirche. Eder liebte kraftvolle Ausführung und bewusste Gegenbewegung zueinander. Auch für die heute zwischen den Zollämtern stehende Kreuzkirche in Windshausen, deren Altäre Gabriel Perger in den Jahren 1677/78 gemacht hat, lieferte er die Seitenfiguren sowie die zwei Giebelengel mit Leidenswerkzeugen.

Melchior Hofmayr und Caspar Seidl

Melchior Hofmayr ist „der erste Rosenheimer Bildhauer, der durch zahlreiche Bildwerke als künstlerische Persönlichkeit erfasst werden kann" (Peter v. Bomhard), und zwar für die Jahre 1645/46. Er steht an der Schwelle des beginnenden Barocks, jedoch wirkten in seiner Zeit auch noch auswärtige Meister ins Inntal hinein (z. B. Konstantin Bader). In der St.-Leonhards-Kirche zu Nußdorf hängt noch das frühere Chorbogenkreuz als typisches Werk des Melchior Hofmayr, ebenso in Lauterbach und Grainbach. In Lauterbach sind die für ihn bezeichnenden Seitenfiguren Erasmus und Apollonia, Philippus und Paulus mit je zwei Engeln im Aufsatz, die auf das früher vorhandene Chorbogenkreuz hinweisen. Auch am nördlichen Seitenaltar von Großholzhausen stehen Schnitzfiguren dieses Meisters: Christophorus und Antonius, zwei Giebelengel und ein Erzengel Michael, ebenso in Pfraundorf und Happing. Aber gerade in Lauterbach merkt man die begrenzte Kraft Hofmayrs, weil damals der Auftrag für den Hauptaltar in Aufriss und figürlicher Ausführung nicht ihm, sondern einem Münchner Künstler übertragen wurde.

Caspar Seidl war als Rosenheimer Maler in den Jahren 1669-1696 tätig. Bei verschiedenen Erneuerungen in der Aisinger Kirche um 1669 malte Seidl die Brüstungsbilder der unteren Empore, „sehr tüchtig und weit qualitätsvoller als der Durchschnitt derartiger Brüstungsbilder". Ebenso sechs Emporenbilder und ein Gemälde der Vierzehn Nothelfer der 1963 abgerissenen Redenfeldener St.-Erasmus-Kapelle. Für Göging hat er um 1673/75 das Altarblatt, Maria mit dem Kind darstellend, für Neubeuern 1673 Brüstungsbilder und einen Apostelzyklus und für Roßholzen 1671 das Antependium mit dem hl. Bartholomäus geschaffen; vielleicht auch die Brüstungsbilder der 1654 angefertigten Roßholzener Empore, die allerdings 1830 stark übermalt worden und deshalb kaum mehr als Seidls Werk erkennbar sind, was auch bei den Emporenbildern von St. Margarethen der Fall sein könnte.

Damals arbeitete auch Georg Solbach in Rosenheim; er hat für Steinkirchen 1671 das Hochaltarblatt mit der Schlüsselübergabe an Petrus geschaffen und für Neubeuerns Pfarrkirche die Apostelkreuze gemalt.

Peter Weißbacher

Peter Weißbacher (Weißpacher, Weißbachauer, † 1669) wurde zusammen mit dem Kufsteiner Tischler Max Kurz und dem Schwazer Bildhauer Hans Hörner d. Ä. der Erbauer vieler Altäre im Tiroler Unterland und in der damals (1610-1688) dem Tiroler Freiherrn Schurff von Mariastein gehörenden Herrschaft Wildenwart bei Prien. In Tirol werden Weißbacher verhältnismäßig wenig Werke zugeschrieben (z. B. das Tafelbild der Auferweckung des Lazarus in Zell bei Kufstein, der Sebastiansaltar in Oberau-Wildschönau, der Petersaltar in Itter), um so mehr in unserer Gegend: Altarbilder in Rimsting am Chiemsee (1654), St. Florian bei Wildenwart (1652-1661), in der Priener Allerseelenkapelle (1665), in Mauerkirchen bei Endorf (1663) und in Thalkirchen bei Hirnsberg (1654). In mehreren dieser Kirchen befinden sich auch Schnitzfiguren des Hans Hörner. Weißbacher schaffte in einer Zeit des Frühbarocks, in der man für malerische Aufträge bei Altarbauten noch wenig Sinn hatte. Entsprechend der Lage Tirols vereinigte er italienische Einflüsse mit gegensätzlicher tiefer Farbenwirkung und südbayerische Art, mehr vom Münchner und Weilheimer Kreis beeinflusst. Das im Inntal am frühesten greifbare Werk ist der bethlehemitische Kindermord in St. Margarethen. Ausgezeichnet gelangen ihm die im dunklen Kolorit gemalten „Fälle Christi" an der Empore der Flintsbacher Pfarrkirche (1660/65) und die aus der dortigen Windschnurkapelle stammenden und jetzt in der Altarmensa in Flintsbach verwendeten alttestamentlichen Darstellungen (1661); leider sind seine für den Flintsbacher Orgelkasten gemalten David und Cäcilia nicht mehr vorhanden. Die damals zur Pfarrei Flintsbach als Filiale gehörende Magdalenenkirche auf der Biber erhielt 1664 drei Gemälde mit Darstellungen aus dem Leben der Maria Magdalena sowie das vorzügliche Bild in der Nebenkapelle „Der Auferstandene erscheint Magdalena" und das Antependiumbild „Lazarus und Magdalena überqueren das Mittelmeer". Nach Kunsthistorikern soll Weißbacher für die Degerndorfer Ägidienkirche auch das Aufsatzbild der Heiligen Familie und die Brüstungsbilder gemalt haben. Die Kirche wurde 1972 stilvoll renoviert.

Blasius Maß

Blasius Maß lebte in der zweiten Hälfte des 17. Jahrhunderts als Bildhauer in Rosenheim. Sein Verdienst ist es, dass zu seiner Zeit die Münchner Meister aus dem Bereich des Inntals blieben; er brachte hier den Hochbarock zum Durchbruch. „Bei Maß läßt sich eine deutliche künstlerische Entwicklungslinie von verhältnismäßig strengen Frühwerken über eine Periode leidenschaftlicher Bewegtheit zu einem wieder beruhigten, klassisch-pathetischen Stil verfolgen. Bei seinen Spätwerken steigert sich das barocke Pathos ins Kolossale" (Bomhard). Seine Rosenheimer Arbeiten liegen zwischen 1660/63 bis 1692. Als nach dem Brand von 1665 die St.-Peters-Kirche zu Steinkirchen am Samerberg hergerichtet wurde und 1672 einen neuen barocken Hochaltar erhielt, schnitzte Maß die Seitenfiguren St. Michael und St. Stephanus und die Giebelengel. Es ist eine schwungvoll-kräftige Arbeit, „das künstlerisch bedeutendste Werk des Meisters aus seiner bewegten Stilphase um 1670/75". Damals entstand auch für die Rohrdorfer Pfarrkirche der rechte Seitenaltar, für den Maß die Bildhauerarbeiten lieferte. Für den Hauptaltar in Höhenmoos schnitzte er Giebelengel, die - hinweisend auf den Kirchenpatron St. Petrus, ein spätgotisches Schnitzwerk im Mittelfeld - die päpstlichen Insignien tragen. Baierbach am Simssee erhielt die Figuren St. Sebastian, Rochus, Augustinus und Nikolaus sowie Giebelengel und um 1675/84 eine Kreuzigungsgruppe, Neukirchen im Altaraufsatz eine Gottvatergruppe und Riedering am Simssee für seine Kanzel die vier lateinischen Kirchenväter. Bezeichnende Frühwerke des Meisters sind die Schnitzfiguren in der Kirche zu Marienberg bei Pfaffenhofen, Spätwerke hingegen seine Arbeiten für Heilig-Blut bei Rosenheim mit den Figuren der trauernden Maria und des Johannes, Giebelengel und Putten um 1690. Nicht sicher ist, ob auch die kraftvollen Figuren des Brannenburger Hochaltars sein Werk sind. Maß hat auch für die früher hier zuständige Pfarrkirche Großholzhausen einen Vitus und Stephanus geschnitzt und für die Biberkirche eine Kreuzigungsgruppe, ebenso die lebensgroßen Westerndorfer Figuren: eine auf der Mondsichel stehende Muttergottes mit Kind, Johannes der Täufer und Johannes der Evangelist.

Josef Eder

Josef Eder, 1650 in Innsbruck geboren, wohnhaft in Wagrein bei Ebbs und später in Neubeuern, wo er auch verstarb, zählt zu jenen Tiroler Malern, die ins „Ausland" gingen. Seine Vaterstadt war damals die Heimat der Malerfamilie Schor, die ihre Ausbildung für perspektivische Deckenmalerei in Rom erhalten und dort längere Zeit gearbeitet hatte. Ebenso aus Innsbruck stammten die Waldmann, die man als das tirolerische Gegenstück zu den Brüdern Asam in München ansehen kann. In Neubeuern war Eder von 1689-1722 tätig. Für die frühere Wallfahrts- und jetzige Pfarrkirche dieses Marktortes schuf er im Jahre 1696 das neue „Täfelwerk" und renovierte 1722 zusammen mit dem ortsansässigen Künstler Thomas Urscher sämtliche Malereien der Kirche. Für die Seitenaltäre, vom Neubeurer Kistlermeister Bartlme Niederkirchner geschaffen, hatte er schon in den Jahren 1701-1703 das „Visier" geliefert und die künstlerische Fassung gemacht. In Altenbeuern wurden nach seinen Plänen im selben Jahr (1722) die Altäre neu erstellt und darin die spätgotischen Figuren aus den früheren Flügelaltären aufgenommen. Für die hochbarocken Säulenaufbauten der Seitenaltäre schuf er die dazugehörigen Altarblätter (1838 durch nazarenische Bilder ausgewechselt) und malte in kräftiger barocker Farbgebung die Aufsatzbilder. Für die St.-Leonhards-Kirche in Nußdorf machte Eder im Jahre 1683 für den dort errichteten Antoniusaltar die Vision des hl. Antonius von Padua; ein Werk, an dem man die künstlerische Herkunft des Innsbruckers erkennt, ein Bild mit starker in italienische Art gehende Kontrastierung der Farben. Wie Neu- und Altenbeuern lagen auch die Chiemseeklöster im alten Erzbistum Salzburg. So malte Eder 1696 eine Bilderreihe über die Prälaten von Herrenchiemsee; ein Gemälde befindet sich heute noch im Rimstinger Pfarrhof. Von ihm stammen auch die neun Deckengemälde der jetzt immer noch profanierten Domkirche von Herrenchiemsee, die Eder mit seinem Landsmann Jacob Carnutsch und dem Stuckateur Francesco Brenno geschaffen hat. Damals wohnte Eder kurze Zeit auf der Insel Frauenchiemsee und malte die Altarblätter für den Rupertus-, Benediktus-, Katharinen-, Antonius- und Anna-Altar der Klosterkirche.

Anton Perthaler

Mathias Perthaler wurde 1700 in Berg bei Thiersee in Tirol geboren, heiratete im Jahre 1724 in das Kistleranwesen in Degerndorf und verstarb am 3. September 1773. Von seinen zwölf Kindern übernahm Anton die väterliche Werkstatt; er starb 1806. Mit dessen Enkel Josef Perthaler starb im Jahre 1854 die Familie auf dem Anwesen in Degerndorf aus.
Das ehemalige Perthalerhaus in Degerndorf ist noch heute stiller Zeuge vom handwerklichen Können dieser künstlerisch begabten Kistlerfamilie, bei der Tischlerei, Bildhauerei und Malerei gepflegt wurden. Noch zeigt die Balkontüre neben den Abzeichen des Schreinerhandwerks die Initialen dieser Meister, noch hat das Haus bemalte Türen, einen Schrank und vor allem die Decke der früheren Hauskapelle, während vor Jahrzehnten die Prachtholzdecke mit ihren Kassetten und bemalten Feldern das Münchner Nationalmuseum erwarb und im Museum als Inntalbauernstube einrichtete. Während Mathias Perthaler in kräftigen Formen arbeitete, liebte sein Sohn Anton die zierlichere Art des Rokoko und ließ seine Arbeiten - wahrlich von seinem Malergesellen Sebastian Huber, von dem die zwei Nothelferbilder in der Degerndorfer Pfarrkirche stammen - mit rocailleähnlichen Farben und Verzierungen ausstatten. Im Jahre 1746 entstand das kraftvolle Degerndorfer Chorbogenkreuz (jetzt in der Sakristei). 1752 schnitzte und bemalte Anton Perthaler eine Kopie des Altöttinger Gnadenbildes, das in kleinerer Ausführung auch am Flintsbacher Gestühl vorhanden ist. 1753 arbeitete er an den Schwarzlacker Stuhlwangen und verzierte sie mit reichem Frührokoko-Bandwerk. Für den barocken Umbau der Flintsbacher Pfarrkirche lieferte er die aus schwerer Eiche geschnitzten Portale und das mit prächtigen Rosengehängen versehene Gestühl. Anton Perthaler wurde zum Inbegriff der beinahe Weltruhm erlangten Perthaler-Bauernschränke. Er hat diese meist überaus reich bemalt mit Blumen, Heiligengestalten, recailleähnlichen Bordüren und Umrahmungen, mit Monogrammen von Jesus und Maria, häufig mit der Jahreszahl der Anschaffung auf dem Gesims und den Namen der Eigentümer, die solchen Besitz oft bis in die Gegenwart auf ihrem Hof vererbt haben.

Thomas Urscher

Thomas Urscher, zuerst in Rohrdorf, dann in Neubeuern wohnhaft, lebte zu Beginn des 18. Jahrhunderts bereits in einer Zeit, in der sich auf dem Land eigene Malerwerkstätten gebildet hatten, z. B. 1648 in Oberaudorf, 1689 in Neubeuern mit Josef Eder, um 1700 in Entmoos bei Straßkirchen, ferner in Rohrdorf und in Prutting. So verlagerte sich - wie die Baukunst - auch die Malerei aufs Land. Zwar holte man sich für größere Aufträge oft Meister aus München, aber die fleißig und selbstbewusst schaffenden einheimischen Baumeister, Stuckateure, Kistler und Maler verdienen Beachtung.

1714 hat Urscher in Flintsbach das Mariahilfbild in der Vorhalle der Pfarrkirche geschaffen, 1714 zwischen die gotischen Gewölberippen des Kircheninnern einfache Fresken und im Jahre 1717 für die später abgerissene „Kapelle auf dem Feld" beim jetzigen Friedhof, die 1671 vom Maurer Martin Tanner am Falkensteiner Burgberg erbaut und von ihm ausstuckiert worden war, zwei nicht mehr erhaltene Bilder gemalt. In der Wallfahrtskirche Kirchwald hängen zwei Urscher zugeschriebene Werke von 1711: Geburt Christi und Tod des hl. Joseph. Für Neubeuern arbeitete er 1723 an der Fassung des neuen barocken Hochaltars (1782 durch den Altar von Götsch ersetzt), renovierte „alle Emporenbilder und bemalte ihre Unterseiten neu in Weiß und Blau mit Laubwerk und Rosen". Im Jahre 1725 hat der ortsansässige Kistler und Mesner Jakob Angerer die Kanzel, der Rosenheimer Bildhauer Josef Wolf das Schnitzdekor dazu gemacht und Urscher die Brüstungsbilder mit den vier Evangelisten bemalt. In Roßholzen sieht man noch heute Thomas Urschers Gemälde der vier letzten Dinge: Tod, Gericht, Himmel und Hölle, zusammen mit der Stifterfamilie Georg und Elisabeth Heiß (1726), und in Altenbeuern zwei Gemälde mit den Heiligen Florian und Leonhard (1730). Originell ist der schlafende Jesusknabe in einem Blumengarten in der Kirche zu Höhenmoos; eine ähnliche Darstellung in der Petersbergkirche könnte ebenfalls von Urscher stammen.

In derselben Zeit malte der Pruttinger Mesner Franz Krenzner für die Kirchen in Prutting, Leonhardspfunzen, Zaisering, Schwabering und Söchtenau meist Deckengemälde.

Jakob Weiß und Balthasar Mayr

Jakob Weiß lebte um die Wende zum 18. Jahrhundert in Rosenheim, in einer Zeit, da auch auf dem Lande Malerwerkstätten entstanden und das Vorrecht städtischer Meister allmählich schwand, andererseits aber München als Landeshauptstadt mit seinen viel bedeutenderen Kräften längst zum künstlerischen Mittelpunkt geworden war und Münchner Meister für größere Aufträge auch ins Inntal gerufen wurden, so nach Reisach, Flintsbach, Neubeuern und Pfaffenhofen. Erst um die Jahrhundertwende traten auch hier begabte Meister in den Vordergrund. Jakob Weiß hat bereits 1683 die neue Kanzel in Stefanskirchen gefasst. Im Jahre 1707 war er an der Kanzel in Grainbach beschäftigt. Damals fasste er auch die Altäre der Wallfahrtskirche in Kleinholzen. 1699 hat er neue Apostelkränze in der Petersbergkirche gemalt (ein Kranz ist noch rechts vom Eingang erhalten). 1718 malte er zwei Fresken an der Emporenbrüstung der Heilig-Geist-Kirche in Rosenheim - Abraham mit den drei Engeln und die Taufe Christi - und für Pfaffenhofens Kanzel die Brustbilder der vier lateinischen Kirchenväter und der Apostel Petrus und Paulus, schließlich 1725 die Aufsatzbilder der Seitenaltäre in Roßholzen und 1732 das Bild des hl. Johannes Nepomuk in St. Margarethen. Das Nepomukbild ist mit seiner tiefen Farbigkeit eine würdige Darstellung des schweigenden Märtyrerpriesters aus Prag. Johannes Nepomuk wurde 1729 heilig gesprochen, seine Verehrung fand daraufhin im süddeutschen Raum weite Verbreitung.

Damals arbeitete gleichzeitig in Rosenheim der Kistler Balthasar Mayr. Seine Arbeiten finden wir meist dort, wo auch Jakob Weiß seine Aufträge hatte: in Heilig-Geist zu Rosenheim, wo er 1718 das Portal mit den barocken Türflügeln und die Emporenbrüstung mit ihrem barocken Schnitzdekor geschaffen hat; in St. Margarethen, dessen spätbarocker Altaraufbau in Doppelsäulenausführung und etwas niedrig gehaltenem, dem Chorraum angepassten Auszug sein Werk ist; 1735-1738 in Kleinholzen mit seinem Altar; ebenso in Zaisering und Söchtenau. Für Baierbach am Simssee hat sein Vater, Balthasar Mayr d.Ä., 1684 den Hochaltar als frühbarocken Säulenaufbau mit Weinlaub umwundenen Säulen gefertigt (1720 verändert).

Andreas Vordermayr und Wolf Ganterer

Andreas Vordermayr aus Rohrdorf, Gerichtsmaurermeister und Stuckateur, hat um die Mitte des 18. Jahrhunderts im Gerichtsbezirk Rosenheim sieben Kirchen und zwei Kapellen umgestaltet und stuckiert. Diese Veränderungen gotischer Kirchen geschahen durch Umbau, Abschlagen der Gewölberippen, Neugliederung der Wand durch Pilaster, Erweiterung der Fenster und durch barocke Ausstuckierung. Vordermayr entwickelte mit seinen Blütenranken und Gitterfeldern, auch Bandwerk genannt, das eigentliche Frührokoko im Inntal. Sein Hauptwerk ist die Kirche zu Lauterbach mit reicher Dekoration am Gewölbe, mit zierlichem Frührokoko und mit kleinen Rocailleformen, mit Rankenwerk und Blütengebinden, lieblichen Putten und Engelsköpfchen. In Höhenmoos, dessen Kirche er 1750 barockisierte, ist die Dekoration einfacher; hier malte Josef Anton Höttinger in die durch Andreas Vordermayr geschaffenen Rokokoumrahmungen Fresken. Zierliches Frührokoko zeigt auch die Wallfahrtskirche in Neukirchen und St. Bartholomä in Roßholzen. Weitere Zeugen dieses tüchtigen Meisters sind Steinkirchen, St. Leonhard in Nußdorf und Pietzenkirchen sowie die Geiginger und die Wiesböckkapelle bei Neubeuern.

Wolf Ganterer aus der Einöde Sagerer bei Babensham stammend, Gerichtsmaurermeister von Kling, barockisierte und stuckierte u. a. die Kirchen in Leonhardspfunzen, Söchtenau, Straßkirchen. Der Stuck in Straßkirchen aus dem Jahre 1732 ist in unserem Gebiet sein gelungenstes Werk: Weit verzweigte stuckierte Blattranken und Blumengebinde überziehen Chor und Langhaus; die am Chorbogen gehaltene Kartusche erreicht an Dekorativem einen Höhepunkt mit seinen Füllhörnern, Ranken und Sträußen, alles gruppiert um den gekrönten Namenszug Mariens, während der Chorraum mit einer kräftigen Stuckmuschel abschließt.

Weit hinein in den Raum von Wasserburg und Traunstein reicht das künstlerische Schaffen dieses Meisters, der - wie Andreas Vordermayr - in seinen Leistungen über dem bloß Handwerklichen eines Maurers steht. Beide haben es meisterhaft verstanden, eine Reihe gotischer Kirchenräume mit zierlichen Akanthusformen in farbenfreundlichem Frührokokostil auszuschmücken.

Die Hausstätter Baumeister: Hanns Mayr, Wolfgang Dientzenhofer, Abraham Millauer

Die Hausstätter Baumeister, so benannt nach der Einöde und ihrem Wohnsitz Hausstatt bei Feilnbach, mit ihren führenden Meistern Hanns Mayr (1643-1718), Wolfgang Dientzenhofer (1678-1747), Abraham Millauer (1683-1758) und dessen Sohn Philipp sowie ihren Palieren und Schülern Johann Thaller, Johann Achleitner und Vitus Antretter brachten die Barockbaukunst auch im Inntal zur vollen Blüte. Ihr Wirkungsbereich wurde die Gegend um Aibling und Rosenheim und das Inntal bis tief hinein nach Nordtirol. Ihre Bauwerke zeichnen sich aus durch eine beträchtliche Höhe, deutliche Außengliederung, durch stuckierte oder gemalte Pilaster und durchlaufende stark profilierte Gesimse im Innern über den Fenstern und den Lünetten.

Hanns Mayr soll etwa zwanzig Kirchen neu gebaut und dadurch die Miesbacher Baumeister aus dem Inntal verdrängt haben. Anfangs noch mehr der Gotik verhaftet, näherte er sich allmählich dem Hochbarock und baute u. a. die Kirchen in Happing (1676), Schloßbergs Georgskirchlein (1679) und die Pfaffenhofener Kirche (1708/09). In Happing machte ein Geselle von Mayr den Quadraturstuck, ebenso in Elbach und Litzldorf. Wolfgang Dientzenhofer aus Aibling führte die für den Barock so klassische Wandpfeilerkirche ein, wie sie die Graubündner Meister nach Bayern gebracht hatten. Im Inntal baute Dientzenhofer die Wallfahrtskirche Kirchwald.

Abraham Millauer, Schwiegersohn von Mayr, wurde die führende Persönlichkeit der Hausstätter. Durch seine spätere Verschwägerung mit J. B. Gunetzrhainer wurde er vermutlich von diesem stark beeinflusst, so dass seine Bauwerke bewegte Formen und repräsentative Fassaden erhielten. Millauer hat fünfzehn Kirchen gebaut. Im Inntal: 1722-27 Schloss Urfahrn mit Kapelle, 1732 Klosterkirche Reisach, 1732 Kleinholzhausen, 1735/36 Flintsbach, 1737 die Rossackerkapelle in Rosenheim, 1747 Umbau des Schlosses Neubeuern und 1752 die Wallfahrtskirche Schwarzlack; Urfahrn, Reisach, Neubeuern und Schwarzlack in Zusammenarbeit mit dem Gunetzrhainer. Millauers Prachtwerk ist die Pfarrkirche Ebbs in Tirol; beachtlich sind die Kirchen in St. Johann, Kössen, Reith und Schleching sowie die umgebaute Oberaudorfer Kirche.

Michael Zürn, Georg Andreas Dietrich,
Jakob Dibeller, Johann Georg Sang ...

Wenn lokale Meister mit ihrem Können nicht mehr ausreichen oder Verbindungen nach anderen Kunstzentren bestanden, kamen tüchtigere Meister von auswärts ins Inntal, das kein eigener Kunstbezirk war. Die romanische Bauplastik der Petersbergkirche stand unter Salzburger Einfluss. Einige Grabplatten in St. Nikolaus zu Rosenheim schufen Wasserburger Bildhauer aus der Schule des Wolfgang Leb. Wer die Erbauer der Renaissanceschlösser Falkenstein und Brannenburg mit ihren zierlichen Ecktürmchen und Kuppeln waren - auf den Wening-Stichen noch zu sehen - ist unbekannt. In der Holzplastik übernahm 1692 der aus Gmunden in Oberösterreich kommende Michael Zürn d. J. die Werkstatt des Blasius Maß und brachte es zu einem Höhepunkt barocker Plastik im Inntal. Von ihm sind in der Heilig-Geist-Kirche zu Rosenheim ein St. Michael und zwei Putten. Der Traunsteiner Georg Andreas Dietrich kam 1735 nach Rosenheim, überließ aber seine Werkstatt schon 1738 an Jakob Dibeller. Dietrich schnitzte die früheren Stationsfiguren der Biberkirche, für Flintsbachs Hochaltar im Auszug eine Gottvatergruppe und für St. Leonhard in Nußdorf die Heiligen Silvester und Georg. Auch der Hofbildhauer Johann Baptist Straub war im Inntal tätig. Seine Reliefaltäre in Reisach waren bahnbrechend für diese Altarart. Einige Plastiken in Flintsbach - z.B. der hl. Florian - stammen mindestens aus seiner Werkstatt. In Kirchdorf am Wasen arbeiteten die Aiblinger Andreas Leisperger und Johann Vicelli. Stärker traten im 18. Jahrhundert die Münchner hervor, besonders Johann Georg Sang mit seinen Altarbildern in Pfaffenhofen (1722), St. Vitus in Nußdorf (1735-37) und in Flintsbach (1721), ferner Johann Zick, der im Jahre 1737 die Magdalenabilder der Rossackerkapelle malte. In Nußdorf/St. Leonhard hängt das große Votivbild des Tiroler Ignaz Faistenberger (1717-1719). Der Münchner Balthasar Augustin Albrecht malte im Auftrag des Hofrats Messerer 1727 in Urfahrn und 1745 in Reisach die Altarblätter und J. B. Zimmermann schuf 1746 in der Schlosskapelle Neubeuern seinen herrlichen höfisch-eleganten Goldstuck sowie den Stuck in der Schlosskapelle zu Urfahrn, das beste Rokoko des Inntals.

Josef Anton Höttinger

Josef Anton Höttinger wurde zu Beginn des 18. Jahrhunderts in Schwaz in Tirol geboren. Damals war sein Vetter Johann Georg Höttinger ein tüchtiger Freskomaler im Unterinntal; dieser hatte vermutlich in Salzburg bei Johann Michael Rottmayr und Jakob Zanusi gelernt. Josef Anton Höttinger suchte sich wohl deshalb in Rosenheim sein Wirkungsfeld, weil in der ersten Hälfte des 18. Jahrhunderts bei bedeutenderen Aufträgen meist Künstler aus München (z. B. Albrecht, Zick, Sang) herangezogen wurden. Die Vorliebe für das Fresko brachte Höttinger aus Tirol mit; denn dort hatten die Barockbaumeister der Familie Singer die bayerischen Meister (die Schlierseer Georg und Oswald Zwerger, die Hausstätter Johann Mayr und Abraham Millauer) abgelöst und Gewölbearchitekturen geschaffen, die geradezu nach Freskanten verlangten. Josef Anton Höttinger wurde Mitglied des Inneren Rats und später Bürgermeister des Marktes Rosenheim. Er schuf seine beachtenswerten Werke in bewegten Formen, die an Johann Michael Rottmayr aus Laufen erinnern. Außer den Altarbildern in der Klosterkirche zu Rott am Inn und in der Jakobskapelle zu Weyarn sind die Fresken in der Rosenheimer Loretokapelle sein Werk. Diese Kapelle erhielt 1755 ihre Ausmalung; leider sind heute die Deckengemälde stark übermalt, nur die Himmelfahrt Mariens über der Empore ist noch gut erhalten. Die St.-Josef-Bürgerspitalkirche erhielt von ihm neun große Gemälde des Kirchenpatrons. Die meisten seiner Werke finden wir im östlichen Gerichtsbezirk von Rosenheim: in Grainbach drei recht gute Altarblätter und mehrere Votivbilder, in Rohrdorf das Gemälde vom hl. Aloisius, in Lauterbach die Deckenfresken (um 1750/55) und in Höhenmoos die heute nicht mehr vorhandenen Deckenbilder (um 1750), den Kreuzweg (1748), die Seitenaltarbilder, Auszugsgemälde und Antependium des Hochaltars (um 1750). Zwei seiner Spätwerke sind die im Rosenheimer Heimatmuseum hängenden Jagdstilleben, mit 1781 datiert, die ein deutliches Landschaftsbild und klare Perspektive zeigen, in den Baumformen und Blattbildungen beinahe venezianischen Einschlag verraten; die tieffarbig gehaltenen geschlachteten Tiere sind derb im Ausdruck.

Jakob Dibeller

Jakob Dibeller war in die Rosenheimer Werkstatt des früher 26 Jahre in Traunstein arbeitenden Georg Andreas Dietrich gegangen und übernahm 1738 dessen Arbeitsplatz, als Dietrich - anscheinend infolge der durch Kriegssteuer (Türkenkriege) geschwächten Kirchenkassen - zu wenig Aufträge erhielt. Die Arbeiten Dibellers erreichen zwar nie die Höhe seines Meisters, wirken etwas steif und bewegungsarm, verdienen aber als Werke eines Lokalmeisters in schwieriger Zeit unsere Beachtung. Jakob Dibeller arbeitete mit dem Rosenheimer Kistler Johann Georg Keill zusammen, so in der Spitalkirche St. Josef zu Rosenheim, wo Keill unter das im Miesbacher Quadraturstuck gestaltete Tonnengewölbe aus den Jahren 1618/19 einen formenreichen Altaraufbau mit je drei Säulen gestellt hat. Dibeller schnitzte dafür die Seitenfiguren Joachim und Anna und für den Aufsatz zwei etwas bewegtere Giebelengel; das Altarbild malte 1755 der Rosenheimer J. A. Höttinger. Seitlich an der Wand stehen zwei weitere Werke Dibellers: die Heiligen Andreas und Simon. Andere Arbeiten sind draußen im Land: in Kirchdorf eine St. Anna Selbdritt (1749), in Schwarzlack ein mit Rocaille geschnitzter Rahmen mit Strahlenkranz für das dortige Gnadenbild (1760), in St. Margarethen zwei Giebelengel im Aufsatz des vom Rosenheimer Kistler Balthasar Mayr 1732 geschaffenen Doppelsäulenaufbaus des Altars sowie eine St. Anna Selbdritt, in Steinkirchen, Grainbach und Roßholzen Rokokoholzleuchter. In Nußdorf-St. Vitus stehen die Einzelfiguren eines Salvator mundi und einer Muttergottes, recht gute Arbeiten, aber merkwürdig in der Darstellung, da beide aus einem mit Ähren, Rosen und Kornblumen besetzten Blumenkorb hervorwachsen.

Johann Georg Keill fertigte 1762 den Hochaltar zu Leonhardspfunzen, der früher in der 1806 profanierten spätgotischen St.-Michaels-Kapelle (zwischen Stadtpostamt und St. Nikolaus) zu Rosenheim stand und 1825 nach Leonhardspfunzen verkauft wurde. Sein für Prutting gebauter Altar, der die Figuren des Josef Götsch aufnehmen sollte, wurde leider ein Opfer der 1857 erfolgten Neueinrichtung der dortigen Kirche. Im Jahre 1926 wurde schließlich ein neuer geeigneter Altaraufbau errichtet.

Felix Pämer

Felix Pämer arbeitete in der zweiten Hälfte des 18. Jahrhunderts, als das Rokoko gleich einer großen Welle über das Land ging. Er war in Rosenheim in den Jahren 1772-1782 tätig, in einer Zeit, da die Münchner Künstler in unserem Gebiet wieder etwas zurückgetreten waren und lokale Meister erschienen, die allerdings unter dem Einfluss der Münchner Bildhauer Johann Baptist Straub und Ignaz Günther standen. So arbeitete auch Pämer in der Art von Ignaz Günther, während sich in Aibling Josef Götsch, in Burghausen Johann Georg Lindt und in Traunstein Josef Dietrich zu bedeutenden Bildhauern entwickelten. Um 1776 schuf Felix Pämer in Neubeuern einen einfachen, aber recht ansprechenden Rokokostuck mit Rocaillekapitellen im Chor, Rocaillevasen an den Gebälkstücken, Rocaillekartuschen und zierlichen Apostelkreuzen, alles vornehm entsprechend den herrschaftlichen Besitzern des Ortes. Für den 1776-1779 veränderten Hochaltar in Roßholzen schnitzte er im Auszug eine Dreifaltigkeitsgruppe mit Putten und Engelsköpfchen und für die Kirche in Reischenhart entwarf er im Jahre 1775 den Aufbau eines neuen Altars, der von Aiblinger Meistern ausgeführt wurde. In Happing stammen von Pämer die kleinen zierlichen Seitenfiguren der Heiligen Donatus und Florian, Joseph und Joachim sowie des Erzengels Michael, vielleicht auch der Posaunenengel auf dem Schalldeckel der Kanzel und einige recht schwungvolle Rocaillen an den Altären. Wiederum beggnen wir der Art des Felix Pämer in Leonhardspfunzen bei den Schnitzfiguren der Heiligen Joseph und Franz Xaver; vor allem aber in der Kapelle zu Oberwöhrn, einem kleinen Holzbau, der vermutlich die frühere Rokokoausstattung der Hochstätter Pfarrkirche aufgenommen hat und die Pämers Kunstrichtung nach der Art des Ignaz Günther verrät. Bedauerlicherweise sind keine anderen Werke Pämers in unserem Gebiet erhalten. Wie die Akten über den Pruttinger Altar von Josef Götsch zeigen, hatte Felix Pämer in jenem gewandten Bildhauer aus dem Ötztal einen Konkurrenten, der ihm viel Arbeit abnahm, u. a. den Hochaltar in der Pruttinger Pfarrkirche, den nicht Felix Pämer als Auftrag bekam, sondern der Rosenheimer J. G. Keill und der Aiblinger Josef Götsch.

Josef Götsch

Josef Götsch, geboren am 27. März 1728, aus einem Schreineranwesen in Oberried im Ötztal stammend, arbeitete zuerst in der väterlichen Werkstatt, wanderte mit dreißig Jahren nach Stams in Tirol zu Hans Reindl, dann nach Wien zu Raphael Donner und suchte 1759 im kurbayerischen Markt Aibling um Aufnahme als Bürger nach. Mit dem dort ansässigen Bildhauer Ignaz Stumbeck stand er in dauerndem Wettbewerb; doch Magistrat und Pfarrer setzten sich auf Grund seines „qualifizierenden Könnens" ganz für ihn ein. Götsch starb mittellos im Jahre 1793. Seine ersten Werke in Bayern stammen aus den Jahren 1759-1761. Mit Ignaz Günther arbeitete er bis 1766 in Rott am Inn zusammen, nachher war er im oberen Inntal tätig. Von ihm stammen: der Hochaltar der Wallfahrtskirche in Schwarzlack als selbständig ausgeführter Auftrag (1764-1767), der Altar von Pietzenkirchen (1767/68, 1882 leider durch Neugotik ersetzt), der Altar von Kirchdorf am Inn (1768, nur mehr in Resten vorhanden), die prächtigen Figuren in der Hauskapelle der Herrenmühle bei Thalham/Weyarn (1769), der Hochaltar in der St.-Erasmus-Kapelle zu Redenfelden, der Hochaltar von Neubeuern (1776), die Dreifaltigkeitsgruppe vom heutigen Pruttinger Hochaltar (1780), die drei Altäre, die Kanzel und das Wandkreuz in Lippertskirchen. Sein letzter Säulenaltar ist der Hochaltar von St. Leonhard in Nußdorf. Bald nach seinen Jahren in Rott am Inn arbeitete Josef Götsch auch an Retabelaltären, wobei er auf Säulenaufbauten verzichtete und unmittelbar über der Altarmensa die Bildwand in einem geschweiften Rahmen mit reichem Rocaille aufbaute. Sein Meisterstück für diese Gattung sind die herrlichen Seitenaltäre in der Schlosskapelle Neubeuern (um 1765), die Seitenaltäre in Grainbach (1768), Vogtareuth (1772) und der Altar der Schlosskapelle Wildenwart bei Prien (1774/75). Graf Maximilian V. von Preysing-Hohenaschau förderte den Künstler in seinem Herrschaftsbereich gleichsam wie seinen „Hofbildhauer" und bewahrt in der Zeit der sich anbahnenden Aufklärung vieles Ornamentative vor der Zerstörung, wie es 1770 ein kurfürstlicher Erlass befohlen hatte: „alles überflüssige Stuckatur und lächerliche Zierarten" wegzulassen.

Ignaz Stumbeck

Ignaz Stumbeck war ein in Aibling ansässiger Bildhauer und ständiger Konkurrent des begabteren Josef Götsch; letzterer machte Stumbeck den Magistrat seines Heimatortes und die höheren geistlichen Auftraggeber abspenstig, erhielt Aufträge für Rott am Inn und Weyarn im Mangfalltal und fand gegen ihn immer wieder beim Hofrat und Kurfürsten Gehör. Stumbeck bezeichnete in seiner Abneigung gegen Götsch diesen als einen „invermeldt hereingeschlichenen Tyroller Bildthauergesölln" (1759). Der selbstbewusstere Josef Götsch schlug dem Magistrat vor, Stumbeck solle wegen seiner Unerfahrenheit in der Kunst in seiner Werkstatt mitarbeiten; denn allein könne er nicht fortkommen und die Seinigen ernähren, er würde ihm den verdienten Lohn schon zukommen lassen; dieser könne dadurch in der Kunst erfahrener werden.

Ignaz Stumbeck wirkte vor allem im alten Gerichtsbezirk Aibling, besonders für die Kirchen am Wasen südlich von Rosenheim. Er zeigte sich gar nicht so unkünstlerisch, wie Josef Götsch ihn verdächtigte, sondern als guter Schnitzer im Ornament, erreichte aber in der figürlichen Plastik nie die Größe des Ötztalers Götsch. Im Auszug der beiden Seitenaltäre von Heilig-Blut sind St. Korbinian und St. Benno von ihm (1764/65) und auf dem Schalldeckel der Kanzel ein Salvator mundi; die Kanzel machte der Aiblinger Kistler Sebastian Laufhueber. In Happings Kirche mit ihren Kunstwerken von Götsch und Pämer steht ein Johannes Nepomuk von Stumbeck (um 1780) und in Pfraundorf befinden sich die Seitenfiguren der Heiligen Nikolaus und Rupert. In Reischenhart sind die figürlichen und dekorativen Schnitzereien am Hochaltar und die Figuren des einen Seitenaltars sämtlich das Werk Ignaz Stumbecks, wobei wiederum der Aiblinger Kistler Christoph Köglsperger und der Maler Johann Georg Gaill mitgearbeitet haben. Auch der Altar in Kleinholzhausen am Südrand des Aiblinger Moores stammt von Stumbeck (um 1770); hier übernahm er für die seitlichen Durchgänge die aus dem früheren Altarwerk stammenden Wetterpatrone St. Johannes und St. Paulus. Der barocke Altar zeigt reiche Ornamentik und Verzierungen in Rocaillen, Vasen, Rosengebinden und einem bekrönenden Baldachin.

Franz Stitz

Franz Stitz, geboren 1717, wohnhaft in Zell bei Kufstein, gestorben 1787, lebte in der Zeit, als sich auch im Tiroler Unterland das Rokoko durchsetzte. Er war beeinflusst von Münchner Künstlern um Johann Baptist Straub und Ignaz Günther, die auf elegante Umrisse Wert legten und allmählich die äußere Bewegtheit einschränkten. Stitz verwendete vor allem bei seinen Altären im Ornament ein reichliches Rocaille. Hier ist er Josef Götsch ähnlich. In Tirol arbeitete Stitz 1770-1776 in Ellmau, 1765 in der Kufsteiner Dreifaltigkeitskapelle; um 1780 schnitzte er die zierlichen Apostelhalbfiguren in der Thierbergkapelle und um 1770 die Altarausstattung der Pfarrkirche zu Söll, wo er das beste Rokoko des Tiroler Unterlandes schuf. Stitz' zweites großes Arbeitsfeld lag im südlichen Teil des heutigen Landkreises Rosenheim: In Niederaudorf steht ein bewegt geschnitzter Rokokoaltar mit für Stitz charakteristischem Reichtum an Rokokodekors mit Rosengebinden und Palmwedeln (1767); ebenso stammen von ihm die zwei Engelsfiguren an den Seiten des vom Augsburger Josef Mages gemalten St.-Michael-Bildes. Die Engel zeigen bereits eine weniger bewegte Grundform und haben zackige Grate im Faltenwurf, aber eine auf das Innenleben hinweisende Tiefe im Gesichtsausdruck. Auch die zehn Apostelbüsten an der Emporenbrüstung der Petersbergkirche dürften von Stitz stammen. Eine gute Arbeit ist die Kanzel in der Heilig-Kreuz-Kirche zu Kiefersfelden mit prächtig geschnitzten Verzierungen und Baldachingehängen am Schalldeckel. Das Hauptwerk Franz Stitz' sind die Seitenaltäre in Flintsbach (1771): Etwas schräg an die schmale Ostwand des Kirchenschiffes gestellt, enden sie mit ihrem bewegten Säulenaufbau und den geschwungenen Gebälksimsen in einen ganz im flammenden Rocaille sich auflösenden Aufsatz, in dessen Gloriole Gottvater bzw. der hl. Leonhard thront. Gerade dadurch wird die Höhenwirkung der gesamten Kirche wesentlich gesteigert. Seine marianischen Bildertafeln (Sieben Schmerzen Mariens) an der Seite des Rokokoschreines mit der ganz tief empfundenen Pietàgruppe und die seitlichen Figuren der Heiligen Dominikus und Katharina sind bestes Rokoko im Inntal, weit über durchschnittlicher Leistung.

Georg Reheis

Georg Reheis, als Oberornatsohn 1734 in Flintsbach geboren - sein Vater stammte aus Mühlau bei Oberaudorf -, heiratete 1768 in das Kistleranwesen auf der Windschnur bei Flintsbach, und zwar die Tochter Maria des Maurermeisters Johann Rechenauer, eines Verwandten des Malers Sebastian Rechenauer. Mit Reheis zog in dieses Anwesen das Schreinerhandwerk ein. Georg Reheis starb am 12. April 1786. Das Gemälde des hl. Dismas in der Flintsbacher Pfarrkirche, für das Reheis den Schnitzrahmen anfertigte, war wohl der Anlass dafür, dass er seinen Sohn aus zweiter Ehe Dismas taufen ließ. Die Werke Reheis' sind mehr als Schreinerarbeiten im heutigen Sinne und zeugen vom Schaffen eines begabten Bildhauers. Man spürt die lebendige Art eines Künstlers, der sich nicht auf feste Formen beschränkte, sondern am bewegten Rokokoornament Freude und Erfüllung fand. Georg Reheis arbeitete meist innerhalb der Falkensteiner Grafschaft und seiner Hofmarken. Die Herz-Jesu-Kartusche auf dem Tabernakel der Flintsbacher Pfarrkirche mit der flammenden Rocaille um das Herz und die zwei anbetenden Engel (1765), die bewegt und etwas schräg in den Kirchenraum gestellten Seitenaltäre - deren Aufsätze freilich von Franz Stitz stammen -, die 1773 geschaffene Kanzel mit ihren kräftigen Ornamenten und der jetzt als Lesepult verwendete Ambo (früher Rückwand eines Beichtstuhls) zeigen die Sicherheit dieses Mannes im Stil seiner Zeit. In Großholzhausen hat er ebenfalls die Rokokokanzel mit reichen Verzierungen geschaffen, gefasst vom Flintsbacher Maler Georg Zelger, ebenso die etwas einfacher gehaltene Kanzel in der Wallfahrtskirche Schwarzlack (1784) und in Brannenburg (1772), wo er auch die hübschen Wangen des Gestühls (1774) und das Kommuniongitter (1773) geschnitzt hat. Kleinere Arbeiten, meist Ergänzungen zu Altären, machte er für die Ägidienkirche zu Degerndorf, die Biberkirche und für St. Margarethen.

Sein Verwandter Paul Reheis, Maurermeister in Unterflintsbach (†1734), baute den so einmalig stimmungsvoll und meisterhaft angelegten Kreuzweg um die Magdalenenkirche über den steilen Biberhängen bei Degerndorf; im Jahre 1735 von seinem Onkel Thomas Rechenauer aus Unterflintsbach vollendet.

Georg Zelger

Georg Zelgers Sterbetag ist der 31. Januar 1785: „Maler, durch Kälte erfroren und der Sprache nicht mehr mächtig, mit 55 Jahren, bestattet bei St. Martin" in Flintsbach. Drei Jahre später folgte ihm seine Gattin Ursula: „Malerin, 64 Jahre alt." Zelgers Behausung ließ sich bislang nicht ausfindig machen; wahrscheinlich war er ein einfacher Gütler oder in Logis. Ebenso ist unbekannt, woher Georg Zelger stammt. Restauratoren späterer Zeiten übermalten oft seine Bilder; bei der Restaurierung von 1972 wurde sein Name wieder freigelegt. Vielleicht lebte er im Hause des Georg Reheis, mit dem er zusammenarbeitete: Reheis schnitzte, Zelger malte. So fasste er 1774 für Großholzhausen die von Georg Reheis gemachte Rokokokanzel. In Brannenburg bemalte er die durch Zimmererpolier Rochus Moser im Jahre 1750 erweiterte Empore und fasste 1772 Kanzel und Seitenfiguren. Ein Jahr später schuf er die jetzigen Gemälde der Petersberger Seitenaltäre, ein Mariahilfbild und ein Nikolausbild. Der dortige Pestaltar erhielt von Reheis eine schwungvolle Rokokokartusche, für dessen Bildfläche Zelger einen Gottvater malte. Das von Georg Zelger erhaltene bedeutendste Werk sind die elf Rosenkranzfahnen der Flintsbacher Pfarrkirche, laut Signierung 1768 für die Rosenkranzbruderschaft angefertigt, auf steife Leinwand gemalt und in Form der früheren Labaren gemacht. Die Fahnen wurden bei den Prozessionen der Bruderschaftskonvente mitgetragen. Sie zeigen auf der Vorderseite die neutestamentlichen Geheimnisse des freudenreichen, schmerzhaften und glorreichen Rosenkranzes, jeweils in einem ovalen Kranz von meist weißen Rosenblüten, wobei die freudenreichen Geheimnisse auf hell-weißen, die schmerzhaften auf rot-violetten und die glorreichen auf gelb-goldenen Untergrund gemalt sind. Auf der Rückseite sind gemäß einem damals beliebten Bibelverständnis entsprechende alttestamentliche Begebenheiten aufgeführt. Die Fahnen werden gegenwärtig an bestimmten Festtagen und Kirchenjahreszeiten in der Pfarrkirche aufgestellt. Schade, dass nicht mehr alle fünfzehn Rosenkranzfahnen vorhanden sind! Vielleicht stammen Reste eines barocken Heiligen Grabes mit figürlicher und rocailleähnlicher Malerei in Flintsbach von G. Zelger.

Florian Wick

Florian Wick, verstorben in Rosenheim am 26.12.1793, ist der bedeutendste Vertreter des Rosenheimer Kunsthandwerks der zweiten Hälfte des 18. Jahrhunderts, insbesondere des dortigen Gürtlerhandwerks. Zwischen die großen Metropolen dieser Kunstart - Augsburg, München und Innsbruck - hineingestellt und angeregt durch das formenreiche Rokoko der damaligen Zeit, schufen diese Handwerker für ihre adeligen Auftraggeber vor allem Degengriffe, Knöpfe, Stockknaufe und Dosen, für die Zünfte Prozessionsstangen, für die Kirchen und Klöster Figurenreliquiare, Monstranzen, Kelche, Ampeln und Umrandungen von Gnadenbildern, schließlich für Städte, Marktorte, Gemeinden und Bürger Pokale und anderes festivales Inventar. So erhielt die 1636 eingeweihte Loretokapelle vom Gürtler Josef Glöggl Rokokokronen für das Gnadenbild und von Florian Wick aus Silber gearbeitete Putten, die das Bild umgeben. Auch die Altargarnitur mit Hängeleuchtern, Stellleuchtern und zwei Reliquiaren stammt aus einer Rosenheimer Werkstatt. Das dortige Heimatmuseum zeigt weitere Exemplare dieses Kunsthandwerks: Messkännchen, Gebetbuchschließen, Silbervasen für Metallblumen, Altarklingeln und anderen Kirchenschmuck. Großartige Silbervasen in geschwungenem Rokoko besitzt die Flintsbacher Pfarrkirche. Die hiesige Schiffsleutebruderschaft konnte sich außer den holzgeschnitzten Prozessionsstangen auch noch solche in Silberblech mit den Bildern ihrer Patrone - St. Nikolaus und St. Johannes Nepomuk - leisten. Die Ewiglichtampel in Vogtareuth, Flintsbach, St. Margarethen, die Altarleuchter in Brannenburg, Petersberg, Flintsbach, St. Margarethen und Grainbach und mehrere, heute nicht mehr verwendete Kanontafeln in bestem Rokoko wanderten nach ihrer Fertigung ins Inntal - aus den Werkstätten einer Gemeinde, die 1328 das Marktrecht, 1602 den Pfarrsitz erhielt und durch die Innschifffahrt aufgeblüht war (und erst 1864 das Stadtrecht bekam).

Auch das Rosenheimer Schmiede- und Schlosserhandwerk schuf beachtenswerte Erzeugnisse. Kunstvolle Türschlösser, Schlüssel, Beschläge und Geldkassetten sieht man noch heute im Heimatmuseum (Mittertor) der Stadt, oder werden an alten Kirchentüren verwendet.

Peter Troger

Peter Troger ist nach 1735 in Oberaudorf als Sohn des Geigers, Malers und Heislwirts Georg Troger geboren. Letzterer war ein Bruder des weltbekannten barocken Malers Paul Troger (1698-1762), der in den italienischen Kunstzentren Venedig, Rom, Neapel und Bologna arbeitete und sich zum größten Freskenmaler Österreichs entwickelte. Peter Troger stammt aus einer Familie mit acht Kindern; sein Bruder Johann Sebastian lebte zeitweilig in Elbach im Leitzachtal und war als Freskenmaler bis in die Gegend von Weilheim tätig; Johann Sebastians bedeutendste Arbeit sind die Malereien in der Wallfahrtskirche Birkenstein im Leitzachtal.

Von Peter Troger haben wir zwar wenig signierte Werke, diese geben uns aber im Umkreis seines Wohnortes Oberaudorf, wo er als Vater von sieben Kindern 1793 verstorben ist, Zeugnis von seinem Schaffen, das wertmäßig über dem Durchschnitt eines Lokalmeisters liegt und dessen Anfänge wohl in der Werkstatt seines Onkels Paul zu suchen sind. An die Giebelseite des alten Kistleranwesens in der Windschnur zu Flintsbach, wo auch Johann Georg Reheis arbeitete, malte Troger eine sehr bewegt gehaltene Krönung Mariens mit den Heiligen Florian und Sebastian; leider sind diese Fresken durch die jetzige Wandtönung beeinträchtigt. An der Vorderseite der Altartumba der Biberkirche sieht man in einem vergoldeten Rocaillerahmen Trogers Auffindung des Heiligen Kreuzes. In der Kapelle zu Vorderschweinsteig bei Niederaudorf, der „künstlerisch wertvollsten bäuerlichen Privatkapelle des Landkreises Rosenheim", malte Troger die Deckengemälde: rokokoartige Scheinarchitektur umrahmt die Himmelfahrt Mariens, die vier Evangelisten und die Heiligen Florian und Leonhard. Ein ähnliches Fresko ist in der Windhager Kapelle bei Kiefersfelden. Auch das schwungvoll gestaltete Antependium der Petersbergkirche mit dem Martyrium des hl. Petrus inmitten von üppiger Rocaillemalerei ist ganz Peter Trogers Art. Schließlich war er auch für Bauernmöbel - Betten und Kästen - ein gesuchter Maler, wie Reste einer Zimmereinrichtung im Oberaudorfer Burgtor beweisen. Schade, dass Peter Troger keinen großzügigen Geldgeber fand, wie sein Onkel Paul Troger!

Sebastian Rechenauer

Sebastian Rechenauer der Ältere wurde 1760 auf Hinterschweinsteig ob Brannenburg geboren. Gefördert durch Graf Max IV. von Preysing auf Brannenburg und Falkenstein, ging er nach München, um seine Malerausbildung - wahrscheinlich beim Hofmaler Josef Hauber - zu vollenden. Hernach heiratete er die Malerstochter von Ebbs und wohnte von 1791-1806 in Oberflintsbach, vermutlich in dem Haus, an dessen Ostseite heute noch sein Bild der Heiligen Familie zu sehen ist. Nach dem Tod seiner Geschwister zog er sich nach Neubeuern zurück und verstarb dort mit 75 Jahren. Sebastian Rechenauer d. Ä. wurde der fruchtbarste Maler im Inntal und lebte zu einer Zeit, in der man einerseits nochmals die barocke Tradition aufleben lassen wollte, andererseits aber um 1800 nach „Fortschritt" suchte. Seine meisten Werke findet man noch heute in Flintsbach. Hier hat er für die um 1730 barockisierte und mit Frührokokostuck ohne Malerei versehene Pfarrkirche 1803 die Deckengemälde mit einem marianischen Zyklus und an den Wänden die zwölf Apostelbildnisse in Rundmedaillons mit einem oft ergreifend tief empfundenen Ausdruck geschaffen. Der Flintsbacher Kreuzweg von 1794/95, in klassizistischem Rahmen, ebenfalls ein Werk Rechenauers, ist „einer der künstlerisch wertvollsten im Landkreis", diesem ähnlich der in Oberaudorf (1808). Auf dem großen Votivbild vom Franzoseneinfall im Inntal und der Besetzung Flintsbach (1800) hat Rechenauer mit gewissenhafter Genauigkeit jene erschreckenden Ereignisse und die Brandlegung zwischen den Holzhäusern des Ortes dargestellt. In der Pfarrbücherei hängen zwei große Tafelbilder des Meisters über die Anbetung des göttlichen Kindes durch die Hirten und die Heiligen Drei Könige. In der Wallfahrtskirche Schwarzlack sind von Rechenauer Deckenfresken und eine umfangreiche Grisaillemalerei über die vier Menschheitsplagen Krankheit, Krieg, Feuer- und Wassernot erhalten. An den Wänden der Rosenheimer Loretokapelle hängen sechs Großbilder Rechenauers über das Marienleben.
Sebastian Rechenauer der Jüngere, wohnhaft in Rosenheim, ursprünglich noch in der Art seines Vaters arbeitend, entwickelte sich im allgemeinen Stilwandel zur Nazarenerart.

III. BURGEN UND SCHLÖSSER ZWISCHEN INN UND SALZACH[10]

1. Burghausen

Burgen, Schlösser und Herrensitze gehören zum Bild unseres altbayerischen Landes und sind Ausdruck einer reichen geschichtlichen Vergangenheit. Zu den bedeutendsten Anlagen gehört Burghausen, die längste Burg Deutschlands.

Hier floss einst die Salzach in mehreren Windungen durch die Gegend und machte dadurch einen Bergrücken auf drei Seiten wie zu einer schon von Natur aus uneinnehmbaren Festung. Übrig blieb im Westen des Burgberges nur der Wöhrsee, während der Fluss heute östlich der Stadt seinen Lauf nimmt. Nach dem Tode Kaiser Heinrichs II. 1024 erhielt die Witwe Kunigunde eine Reihe von Königshöfen als Witwengut. Einen

Teil davon vermachte sie kirchlichen Institutionen. So gab sie auch die Höfe Ötting und Burghausen an das Erzstift Salzburg. König Konrad II. anerkannte jedoch diese Schenkungen nicht, und so fielen diese Höfe nach dem Tod Kunigundes 1031 an das Reich zurück. Damals schuf der König an der unteren Salzach eine neue Grafschaft und gab sie einem seiner Getreuen, Pilgrim. In ihr lag Burghausen. Kurz nachher war der Ort in den Händen der Sighardinger-Tenglinger, als Sighard I., verheiratet mit Ita, der Tochter Friedrichs von Lothringen, die Linie der Grafen von Burghausen-Schala begründete. Die auf den Steilhängen über der Salzach entstandene Burg kam 1164 in den Besitz der bayerischen Herzöge und bei der Landesteilung 1255 an Niederbayern. Nun wurde der Kernbau mit Palas, Kapelle, Dürnitz und Kemenate errichtet. Im 15. und 16. Jahrhundert erfolgte der weitere Ausbau mit Höfen, Toren und künstlich angelegten Gräben; die drohende Türkengefahr zwang dazu. Die im wittelsbachischen Hochgrab zu Raitenhaslach Bestatteten - darunter auch Hedwig, Gemahlin Georgs des Reichen - wohnten auf der Burg. In der Hauptburg, die heute dem Staat gehört, sind zwei Museen untergebracht. Sehenswürdigkeiten sind die spätromanische St.-Elisabeth-Kapelle mit Wandfresken um 1400, auch Innere Kapelle genannt, und die gotische Äußere Kapelle des Hofgesindes. Im dritten Hof der Burg steht das Haus des Geschichtsschreibers Aventin, des Erziehers der Herzöge Ludwig und Ernst.

2. Tittmoning

12

Schon sehr früh im 8. Jahrhundert schenkte der Bayernherzog Theodebert dem Erzstift Salzburg den Ort Tittmoning, der bis 1809 bzw. 1816 bei diesem geistlichen Fürstentum blieb. Bereits vor den Erhartinger Verträgen von 1254 und 1275 bildete sich um den Ort eine Verwaltungseinheit, das spätere salzburgische Pfleggericht Tittmoning, heraus. In dem Maße, wie sich um Burghausen das bayerische Element festigte, sah sich der Salzburger Fürst genötigt, seinen Sitz Tittmoning auszubauen. So begann 1234 unter Erzbischof Eberhard II. die Befestigung des Schloßberges und die Ausbauung Tittmonings zur Stadt. Schon 1242 wurde es „oppidum" - befestigter Ort - genannt. Die Burg erhielt immer mehr den Charakter einer salzburgischen Grenzbefestigung, die sich nun gegen Niederbayerns zweitgrößte Veste, Burghausen, richtete. Zwar wurde sie 1324 und 1611 von Bayern erobert, aber sie blieb immer salzburgisch, wenn auch der

Erzbischof seine Veste teuer auslösen musste. Das umliegende Land brauchte den Schutz der Burg, zumal es größtenteils direkter Besitz des Erzstiftes oder des Frauenklosters Nonnberg war.

Der Grundriss der Burg geht auf das 13. Jahrhundert zurück. Baumeister der heutigen Anlage war Ulrich Pesnitzer, der auch in Burghausen und Reichenhall tätig war. Der hoch aufragende Getreidespeicher wurde im 16. Jahrhundert errichtet. Nach 1612 baute Erzbischof Markus Sittikus die Burg zu einem Jagdschloss um. Damals entstanden der Prälatenstock, vermutlich vom Dombaumeister Santino Solari errichtet, und der Kavaliersstock sowie der Küchenstock. Diese Trakte sowie der Wehrgang sind noch gut erhalten. Das Altarblatt des barocken Marmoraltares der Schlosskapelle, die dem hl. Michael geweiht ist, malte der aus Laufen stammende Salzburger Hofmaler Johann Michael Rottmayr. Die größtenteils im Besitz der Stadt befindliche Burg, die hohe Erhaltungs- und Renovierungskosten verschlingt, birgt das Heimatmuseum des Rupertiwinkels. Prachtvoll ist der Blick vom Burgberg ins Salzachtal, auf die Stadt mit ihrer alten Mauer, den Toren, den Kirchen, Bürgerhäusern und Brunnen auf dem weiten Stadtplatz, der zu den schönsten Bayerns zählt.

3. Staufeneck bei Piding

13

Im Mittelalter übten an der Ostseite des Hochstaufens die Grafen von Plain Gerichtsbarkeit und Vogteirechte aus. In ihrer Selbstsicherheit stellten sie sich mehrmals gegen Salzburg und vollzogen 1167 im Namen des Kaisers Friedrich Barbarossa sogar die Reichsacht gegen das Erzstift. Die Plainer bauten sich Staufeneck, nach dem sie auch „Staufenecker" genannt wurden. Sie beschenkten besonders reichlich das Augustinerchorherrenstift Höglwörth, in dem Luitpold III. begraben ist; er kam auf dem Heimweg von einem Kreuzzug bei Tarvis/Villach um, wurde hierher gebracht und 1219 beigesetzt. Beim Aussterben der Plainer Grafen zog Herzog Heinrich von Niederbayern die beiden Plainer Grafschaften, Plain und Mittersill, ein; im Jahre 1228 kamen sie durch Tausch an Salzburg, während Burg Staufeneck noch eine Zeitlang in den Händen der alten Plainer Lehensträger blieb, bis es 1306 von Salzburg gekauft und von den

Fürsterzbischöfen immer mehr ausgebaut wurde. „Erzbischof Lienhart zur Salzburg hat das Slos paut und volbracht Anno dmi 1513." In diesem noch heute bestehenden Bau war bis 1805 das salzburgische Pfleggericht Staufeneck untergebracht. Die Burg ist der Typ einer mittelalterlichen Veste mit durchgehendem Wehrgang, der sich um den ganzen Bau zieht, mit Kapelle und Kerkeranlage. Der Wehrgang ist in Kopfhöhe mit einem Balkenschirm versehen. Am 1.1.1805 kam die Pfleg nach Teisendorf, Staufeneck wurde bayerisches Forstamt; jetzt ist es Privatbesitz.

Im Nordosten von Bad Reichenhall liegt *Marzoll* mit einem originellen Schlösschen, das nach einer am Kamin des ersten Stockwerks eingetragenen Jahreszahl um 1527 von den Fröschl aus Marzoll erbaut wurde. Nach 1574 wechselten häufig die Besitzer. Ab 1838 gehörte es den Freiherren von Malsen. Trotz der neugotischen Veränderungen macht das Schloss mit seinen glatten Wänden und vier Ecktürmchen einen beinahe venezianischen Eindruck. Am Marzoller Kirchturm steht noch ein Rotmarmorgrabstein der Fröschl. 1991 hat der letzte Baron, Otto Georg Freiherr von Ritter zu Groenensteyn, mit seiner Familie das Schloss verlassen. Es gehört nun der Stadt Bad Reichenhall.

4. Gessenberg

14

Das nahe der Straße Traunstein-Waging liegende Schloss Gessenberg hatten um 1147 die „Gotzenbercer" inne. Im Jahre 1381 werden in Urkunden Georg Gossenberger und seine Hausfrau Margarete erwähnt. Eine namentliche Ähnlichkeit weisen die benachbarten Orte Gessenhausen und Gessenhart auf: „Gozinhosin" südöstlich von Tengling, in den Jahren 1122/1147 erwähnt, als die Ehefrau des edlen Berthold von Wimmern das Gut dem Salzburger Erzstift gab; Gessenhart westlich von Salzburghofen (Freilassing), das einst im Besitz des Eckehard von Thann und nachher des Erzstiftes war. Möglicherweise hatten diese Ortschaften in den Gessenbergern oder Gessenhausern einen gemeinsamen Besitzer. Im Jahre 1498 wurde Gessenberg von dem Geschlecht der Auer auf Winkl bei Grabenstätt erworben, die es bis zu ihrem Aussterben, 1836, besaßen. Graf Eckbrecht von Dürkheim-Montmartin war Besitznachfolger und nach dem Ersten Weltkrieg die Familie Amschler. Heute werden im Schloss, das der Familie von Klitzing gehört, Porzellan, Stilmöbel und kostbare Textilien gezeigt und angeboten. Das Schloss ist umgeben von altem Baumbestand. Die Auer gestalteten den alten Bau so um, wie er heute aussieht: viereckig, drei- bis viergeschossig, breit angelegt, mit vier Ecktürmchen und Zwiebelhauben, als Wasserschloss mit einer steinernen Brücke, die zum rundbogigen Eingang führt. Hans Jakob II. der Auer errichtete 1664 die Schlosskapelle nach der Altöttinger Gnadenkapelle als Rundbau und stiftete für einen Emeriten ein Messbenefizium. Die barocken Plastiken des aus Kammer stammenden Balthasar Permoser, die einst im Schlosspark standen, sind heute im Besitz einer Waginger Familie.

Am Weidsee südlich von Petting liegt das Schloss *Seehaus*, das die Grafen von Thann (Altenthann südlich von Henndorf am Wallersee) um das Jahr 1280 dem Erzstift Salzburg schenkten. Der Stifter war vermutlich ein Enkel jenes Eckehard von Thann, der mit Diemund in zweiter Ehe verheiratet war. Der im 13. Jahrhundert erbaute Teil diente als Fischmeisterhaus und dann als Amts- und Sommersitz der Erzbischöfe. 1835 verkaufte Salzburg diesen Besitz an einen Privatmann.

5. Pertenstein a. d. Traun

15

Auf einem Felsen am Ufer der Traun, nahe dem Ort Matzing, erbaute um 1290 Engelbrecht von Taching eine Burg, die er mit ritterlicher Galanterie nach seiner Gemahlin „Perchtenstein" nannte. Das Volk aber gab ihr den Namen „Tachenstein", zur Unterscheidung von der zehn Kilometer weiter nördlich gelegenen Veste Stein an der Traun. Diese war auch die Heimat Perchtas gewesen, einer Tochter Ottos von Toerring zum Stein. Fast hundert Jahre lang blieb die Burg in der Hand von Engelbrechts Nachkommen, die das sehenswerte gotische Gewölbe im Nordtrakt erbauten. Den kinderlosen Wilhelm Tachinger zu Pertenstein beerbte 1382 sein Onkel Seitz der Toerringer zu Toerring und Tüßling. Von da an blieb Pertenstein im Besitz verschiedener Linien der Toerringer. Barbara Lucia Freifrau von Toerring-Stein ließ die alte Wasserburg zu ihrem repräsentativen Witwensitz umgestalten. Das Allianzwappen Toerring-Greiffensee über dem Schlossportal und eine Rotmarmortafel aus dem Jahr 1601 im Durchgang zum Innenhof künden heute noch von ihren Leistungen als Bauherrin. Damals entstanden das Torhaus mit den anschließenden, inzwischen wieder freigelegten Arkadengängen und der südwärts stehende Turm. Sie ließ auch die Annakapelle renovieren und 1604 neu weihen. 1606 errichtete dazu ihr Sohn Ladislaus über dem „Frauenbrunn", einer heilkräftigen Quelle im nahen Traunwalchen, eine Kapelle. Durch die Folgen des Dreißigjährigen Krieges wäre Pertenstein beinahe „auf die Gant" gekommen. Im Jahr 1661 erwarb Barbara Lucias Enkel Adam Lorenz, der spätere Bischof von Regensburg, das Schloss und erhielt so den Besitz dem Hause Toerring. Ab 1744 erfuhr Pertenstein durch den kaiserlichen Feldmarschall Ignaz Graf von Toerring-Jettenbach nochmals einen Umbau. Spätere Generationen jedoch bewohnten das Schloss nur noch gelegentlich, und es begann zu verfallen. Seit 1968 bemüht sich der „Heimatbund Schloss Pertenstein e. V." um die Erhaltung des Bauwerks, und rechtzeitig zur 700-Jahr-Feier konnte die Renovierung des Schlosses beendet werden. Seine Tore stehen heute im Rahmen zahlreicher kultureller Veranstaltungen jedem Besucher offen.

6. Stein a. d. Traun

16

Um 1130 erscheint erstmals ein Edler Bernhard in den Klosteraufzeichnungen, der sich nach Stein an der Traun (de Lapide) nennt, aber auch nach Eulenschwang, seinem zweiten Sitz bei Wolfratshausen. Sein Sohn Walchun erheiratete Valkenberg bei Zwettl in Niederösterreich und schrieb sich auch noch nach diesem Ort. Dessen Sohn Rapoto zündete 1192 im Rahmen einer Fehde das Stein benachbarte Kloster Baumburg an, während sein Bundesgenosse Eberhard von Dornberg Leute des Klosters gefangen nahm, um Lösegeld zu erpressen. Der Papst belegte die beiden deswegen mit dem Kirchenbann. Rapoto scheint Buße geleistet zu haben, zog sich dann aber ganz nach Valkenberg zurück. Stein gelangte um 1200 an Wicpoto II. von Toerring, der eine Tochter Rapotos geheiratet hatte. Es blieb bis 1661 im Besitz der späteren Grafen Toerring, die mit den Pröpsten von Baumburg auch nicht immer die beste Nachbarschaft pflegten. Danach gelangte Stein an die Familie von Lösch, die Schloss und Hofmark bis 1829 innehatte. Nun wechselten die Besitzer häufig, zu ihnen zählten u. a. Dona Amalia, die Witwe des Kaisers von Brasilien, und ihr Neffe Nikolaus Romanowskij, der Herzog von Leuchtenberg, sowie die Grafen von Arco-Zinneberg. Heute besteht die Anlage aus drei Teilen: Im neuen Schloss mit der neugotischen Fassade am Fuß des Felsens befindet sich seit 1948 ein Landschulheim. Ein Vorgängerbau ist bereits im 15. Jahrhundert erwähnt. Die darüber in den Felsen gearbeitete Höhlenburg ist die am besten erhaltene Anlage dieser Art in Deutschland. Sie entstand ebenfalls schon im Mittelalter. Oben auf dem Felsen erhebt sich das alte dreigeschossige Hochschloss, das im Kern aus dem 12. Jahrhundert stammt und von dem aus der Blick weit ins Land schweifen kann. Für die Erhaltung der beiden renovierungsbedürftigen Bauwerke setzt sich der Verein „Freunde der Burg Stein" ein. Die düstere Höhlenburg ist mit Führung zugänglich. Die Besucher erfahren in dieser unheimlichen Umgebung auch die schaurigen Geschichten über den Mädchenräuber und „wilden Schnappzahn Heinz von Stein", der hier der Sage nach sein Unwesen getrieben haben soll.

7. Wald a. d. Alz

17

Das auf dem rechten Alzufer gegenüber Garching fast versteckt liegende Schloss Wald, 924 erstmals erwähnt, gehörte ursprünglich zum alten Isengau. Die Herren von Wald an der Alz traten im Laufe des 12. Jahrhunderts wiederholt mit den Namen Dietbold, Liebhart und Chunrad auf. Chunrads Brüder Otto, Heinrich und Luitpold waren im Jahre 1155 in den Besitz des Zeidlarngaues gekommen. Wegen der umfangreichen Besitzungen von Raitenhaslach in dieser Gegend gerieten sie wiederholt in Streitigkeiten mit dem Kloster. Schließlich wurde in den Jahren 1242 und 1275 sogar der Kirchenbann über Otto von Wald verhängt, und zwar wegen der vielen Übergriffe auf Klostergüter; Otto nahm die Mahnungen Herzog Heinrichs nicht ernst. Ähnlich war es auch mit Ortlieb, der erst 1277 auf dem Sterbelager auf die geraubten Güter verzichtete. Ein anderer Ortlieb, der gleichen Sache schuldig, erkannte sein Unrecht, pilgerte

nach Rom und beugte sich dem Schiedsgericht. Trotz dieser beständigen Streitereien stifteten die Herren von Wald andererseits auch Eigenbesitz nach Raitenhaslach und erhielten im Klosterbereich eine Familiengrabstätte. Ein streitsüchtiges und kämpferisches Geschlecht!
Gemäß den Erhartinger Verträgen von 1254 und 1275 war das Herrschaftsgericht Wald an Bayern gefallen. Als dann Ortlieb von Wald im Jahre 1317 starb, zog Herzog Heinrich von Niederbayern die Herrschaft auch eigentumsmäßig ein, und das Schloss wurde nun Sitz eines herzoglichen Pfleggerichts mit den hauptsächlich östlich liegenden Obmannschaften. 1508 kam es an die Herren von der Laiter als gefreite Herrschaft, ab 1599 war es wieder herzoglich und wurde 1602 weitergegeben an Ferdinand von Bayern und dessen Söhne als Grafen von Wartenberg, deren letzter Spross im Jahre 1730 sein Herz in der Schlosskapelle von Wald beisetzen ließ. 1806 dem königlichen Landgericht Burghausen zugeteilt, wurde das Schloss veräußert und teilweise abgebrochen oder umgebaut. Die spätgotische Erasmuskapelle mit beachtenswertem barocken Inventar vom Jahre 1762 und einer „steinernen" Muttergottes um 1400-1420 blieb unverändert. Das bewohnte Schloss ist im Besitz von Leo Stippel.

8. Tüßling

18

In der Inntalebene westlich von Altötting liegen der Markt und das Schloss Tüßling. Schon Herzog Theodebert (702-725) hatte fünfzehn Hofstätten in Tüßling nach Salzburg gegeben, die sich Erzbischof Arno 788 bestätigen ließ, als das agilolfingische Herzogshaus von Karl dem Großen abgesetzt wurde. 927 schenkte die edle Frau Heilrat dem Erzbischof Odalbert Besitzungen zu Tüßling. 930 gab er dem edlen Diotmar den Ort zurück und bekam dafür das nahe Teising. Damit erweist sich Tüßling als alter aribonischer Besitz, und zwar der Odalbertsippe. Gegen Ende des 14. Jahrhunderts waren bereits die Toerringer in Tüßling. Johann Veit von Toerring baute 1581 das Schloss neu auf. Es ist ein quadratischer Hof, die einzelnen Gebäudeteile dreigeschossig mit Arkadengängen, an den Ecken weithin sichtbare achteckige Türme mit Zwiebelhauben - ein typischer Renaissancebau, dem etwas später erbauten

Schwindegg sehr ähnlich. Um das Schloss lief ein Wassergraben. Der Garten war ursprünglich im streng französischen Stil angelegt und mit weißmarmornen Figuren belebt. Ein wahres Kleinod ist der Festsaal, der 1725 stuckiert wurde und an den beiden Schmalseiten die Wappen des Schlossherrn und seiner Gemahlin trägt. Mit dem Tod Johann Veits II. erloschen die Toerringer auf Tüßling. Durch Erbfolge kam es nun an Markgraf Nestor Pallavicini, der es 1659 an den Wittelsbacher Ferdinand Lorenz Graf von Wartenberg verkaufte. Dessen Bruder war Kardinal und in Altötting Stiftspropst (Gedenkstein in der Stiftskirche). Die 1611 erbaute Schlosskapelle St. Veit wurde nach dem Brand im Jahre 1712 mit schwerem Akanthusstuck versehen. Die Wartenberger taten viel für den wirtschaftlichen Aufschwung des Schlosses und Marktes. Ihre Linie erlosch 1736. Nun bekam Graf Josef Haslang Tüßling und nach ihm, 1804, Freiherr von Mandl zu Deutenhofen. In den Jahren 1947 bis 1955 diente das Schloss als Alters- und Flüchtlingsheim, heute ist es im Besitz des Freiherrn Michl von Tüßling.

Drüben in der Wallfahrtskirche Heiligenstatt stehen einige Grabsteine der Tüßlinger, und droben bei der Rupertuskirche von Burgkirchen (am Wald) übersieht man das ganze Terrain.

9. Winhöring

19

Der Ort Winhöring bei Neuötting wird erstmals 816 in den Urkunden erwähnt, 853 erscheint er als päpstliches Gut. 1014 gelangte er auf dem Tauschwege an Kaiser Heinrich II., der ihn 1018 dem Bamberger Domkapitel schenkte. Winhöring blieb bis 1643 Bamberger Lehen. Um 1420 war Wilhelm von Fraunhofen Amtmann in Winhöring. Damals erbaute er sich auf einem Bühl (Hügel) gegenüber dem Ort einen Sitz, den er Frauenbühl nannte. Erst ab Mitte des 18. Jahrhunderts wurde der Name Schloss Winhöring gebräuchlich. 1567 erwarb Johann Veit I. Freiherr von Toerring-Jettenbach auf Tüßling die Hofmark Winhöring und 1568 den Sitz Frauenbühl. Sein Sohn Johann Veit II. ließ 1621 die baufällige Anlage abtragen und bis 1622 durch den Neuöttinger Stadtmaurer Michael Oettel neu aufführen. 1641 verkauften Johann Veits einzige Tochter Maria Elisabeth und ihr Gemahl Nestor Pallavicini Winhöring und Frauenbühl an Bartholomäus Richel. Von dessen Urenkel gelangte alles 1721 an Ignaz Felix Graf von Toerring-Jettenbach. Dieser ließ bis 1730 das Schloss mit großem Aufwand im Stil des Barock umbauen. Dadurch entstand eine geschlossene vierflügelige Anlage mit ovalem Vorhof, die 1736 sogar von Kurfürst Karl Albrecht besucht und bewundert wurde. Sie hat sich fast unverändert bis heute erhalten. Im Park steht die 1532 erstmals erwähnte äußere Schlosskapelle der Heiligen Drei Könige, sie dürfte aber bereits um 1420 zusammen mit dem Sitz errichtet worden sein. Die Kapelle und das privat genutzte Schloss wurden in den letzten Jahren umfassend renoviert.

Am Südrand der Pleißkirchener Felderflur, ganz abseits vom Getriebe, steht das Schlösschen *Klebing*, ein ruhiger Landsitz hinter dem Dornberger Wald. Der an einem Bach liegende dreigeschossige Bau mit barocken Fensterumrahmungen, Erkern und einem Toreingang wirkt wie ein verträumtes Kleinod. In der Schlosskapelle steht ein barocker Stuckmarmoraltar. Ursprünglich war Klebing im Besitz der Taufkirchner auf Guttenburg, später der Überacker; um 1760 zählte es einen Besitzstand von 43 verstreut liegenden Höfen. Heute ist Klebing das Eigentum von Ernst Raadts.

10. Mühldorf a. Inn

20

Östlich von Altmühldorf bildet der Inn eine Schleife. Hier scheinen schon früh einige Mühlen das Flusswasser genutzt zu haben; so könnte der Ort Mühldorf entstanden sein. Er war bereits in salzburgischem Besitz, als Erzbischof Odalbert (923-935) hier mehrere Rechtsgeschäfte abwickelte. Grässlich war jenes Ereignis des Jahres 954, als bei der Erhebung des bayerischen Adels gegen Herzog Heinrich dem Erzbischof Herold nach verlorenem Kampf die Augen ausgestochen wurden. Damals wurde Mühldorf auch schon „oppidum", befestigter Platz, genannt und mit Mauern und mächtigen Toranlagen noch stärker und burgartig ausgebaut. 1190 erhielt Erzbischof Adalbert die Erlaubnis, Salz innerhalb der Mühldorfer Mauern lagern und verkaufen zu dürfen. 1249 und 1522 fanden hier Provinzialsynoden der altbayerischen Bischöfe statt. 1239 wurde Mühldorf „civitas", Stadt, genannt; es hatte einen Vicedomus, der Stellvertreter des Landesherrn, des Erzbischofs, war. In Mühldorf saß auch der Beamte, der den salzburgischen Grundbesitz in den Propsteien Altmühldorf, Ampfing, Mößling, Mittergars und Wald verwaltete. In diesem Gebiet gab es 1030 salzburgische Urbarsuntertanen, jene Güter nicht mitgezählt, die das Erzstift schon früh an das 1143 gestiftete Kloster Raitenhaslach weitergegeben hatte. Die Stadt war landeshoheitlich eine salzburgische Enklave inmitten des bayerischen Herzogtums; noch heute stehen mehrere salzburgisch-bayerische „Marchsäulen" um die Stadt. 1442 erhielt Mühldorf die hohe Gerichtsbarkeit, die vorher vom Landgericht Mörmoosen ausgeübt wurde. Von der burgartigen Befestigung sind noch mehrere Mauerteile erhalten, u. a. der Münchner Torturm, der innere Inntorturm und der Pfarrhofturm. Die Zeichnung des Georg Peter Fischer von 1644 zeigt die Wehrhaftigkeit der ganzen Stadtanlage. 1802 wurde Mühldorf endgültig mit Bayern vereinigt. Noch steht das ehemalige Pflegschloss, 1539 von Kardinal Matthäus Lang als Residenzschloss errichtet; heute ist darin das Finanzamt untergebracht. Das Straßenbild hat seinen mittelalterlichen Charakter bewahrt, und an vier barocken Brunnen plätschert das Wasser wie ehedem.

11. Guttenburg a. Inn

21

Auf einem Hügel am Gallenbach südlich von Kraiburg hatten die Taufkirchner ihren Stammsitz. Schon Ende des 11. Jahrhunderts wird dort ein Albert von Taufkirchen erwähnt und um 1140 ein Ulrich, der Ministeriale des Markgrafen von Kraiburg war. Um 1225 war Albrecht von Taufkirchen sogar Vicedomus des niederbayerischen Herzogs. Seine Gemahlin Elisabeth hatte ihren Jahrtag bei den Barfüßern in Regensburg. Walter von Taufkirchen stiftete in der Baumburger Klosterkirche die Augustinerkapelle und erhielt darin seine Begräbnisstätte. Gebhard von Taufkirchen war von 1372 bis 1393 Abt von Tegernsee. Ein Erasmus hatte viele Güter im Kitzbühler, Rattenberger und Kufsteiner Gericht; auch er liegt zu Baumburg. Matthäus und Peter von Taufkirchen verkauften 1359 ihren umfangreichen Besitz zu Breitbrunn mit dem Forst Aigelsbuch und sechs Fischlehen nach Frauenchiemsee. Um 1379 saßen die Taufkirchner erstmals auf Guttenburg, während eine zweite Linie den Sitz Klebing innehatte. Wolfgang von Taufkirchen hatte eine Zirnbergerin von Traunstein geheiratet, wodurch die Guttenburger auch im Traungau begütert wurden. Sie hatten verschiedene hohe Ämter, z. B. die Pflegen zu Mörmoosen, Kling und Kraiburg. Verwickelt in Auseinandersetzungen, wurde 1426 ihre Burg von Herzog Heinrich von Niederbayern niedergebrannt. 1638 wurden sie in den Reichsfreiherrenstand erhoben. 1758 erbaute Graf Josef Guido die Wallfahrtskirche zu Fißlkling, während sein Vorfahre Graf Wolf Josef die Hofwieskirche zu Guttenburg gebaut hatte. Der Grund dafür war eine legendäre Begebenheit im Dreißigjährigen Krieg, als Landsknechte eine Marienstatue verhöhnt hatten. 1824 kamen Schloss und Hofmark an den Freiherrn von Gruben. Nach dem Wening-Stich war das auf einer vorspringenden Geländerterrasse am rechten Innufer liegende Schloss, das durch seine weite Anlage beeindruckte, durch einen Graben gesichert. An der Gartenfront lagen die Wohngebäude mit niedrigen Türmchen und Zwiebelkuppeln. Die Räume aus der Barockzeit wurden 1670-1725 stuckiert. Das Schlossgut befindet sich heute im Privatbesitz des Alfred Jansen.

12. Jettenbach a. Inn

Das Schloss Jettenbach liegt auf einem Hügelrücken in einer der zahlreichen Innschleifen zwischen Wasserburg und Mühldorf. Mitte des 11. Jahrhunderts wird Ettipah im Codex Balduini erstmals erwähnt, als der salzburgische Ministeriale Ruodpehrt das Schloss an den Erzbischof Balduin abtrat. Urkundlich bezeugt ist um 1120 ein Friedrich von Yetenpach. Um 1171/80 erscheint ein Eticho von Schnaitsee/Itenpach als Inhaber der Veste. Mit Friedrich I. erbte um 1255 die Familie der Toerringer sie von Chuno von Itenpach, der mit seinem Sohn Albert mehrfach in Urkunden ab 1227 als Zeuge erscheint.

Die ersten Herren waren Ministrale, die Toerringer etwa von der zweiten Hälfte des 13. Jahrhunderts an bereits freie Adelige. Sie wurden 1566 in den Freiherren- und 1630 in den Grafenstand erhoben. Die Jettenbacher Linie gründete Johann I. (✝1301), 1517 kam Jettenbach an die Linie

Toerring-Stein. Nach der Erbteilung von 1557 führte Johann Veit I. die Jettenbacher Linie weiter. 1860 ging das Schloss an die Seefelder-Linie über, in deren Besitz es heute noch ist.

Die Schlosskapelle St. Veit dürfte gegen Ende der ersten Hälfte des 14. Jahrhunderts erbaut worden sein, denn um 1357 stiftete Heinrich V. drei Wochen- und Jahrtagsmessen, die der Pfarrer von Grünthal bis 1626 gegen entsprechende Reichnisse las. Damals erwirkte Freiherr Sigmund das Recht eines eigenen Schlossbenefiziaten, dem er ein Benefiziatenhaus erbaute und für dessen Unterhalt er sorgte. Die Kapelle erhielt 1767 ihre jetzige Gestalt durch Graf Emmanuel. Sie wurde 1924 erweitert und für alle Gemeindebürger zugänglich, da aus dem Benefizium die Kuratie St. Vitus wurde.

Die Veste, von Graf Ignaz Felix, Feldmarschall und Politiker, zwischen 1715 und 1755 zu einem Schloss mit Garten umgebaut, zieht sich mit ihren Nebengebäuden über den ganzen Bergrücken hin. Die Holzbrücke wurde durch eine steinerne Brücke ersetzt. Das Denkmalgeschützte Ensemble im Kern der Gemeinde Jettenbach gibt heute noch Zeugnis von diesen Baumaßnahmen. Das Schloss brannte 1855 ab, wurde wieder aufgebaut und träumt seit fünfzig Jahren von früheren Zeiten und einer bevorstehenden Renovierung zu altem Glanz.

13. Wasserburg a. Inn

23

Bereits im letzten Viertel des 11. Jahrhunderts muss sich an der Stelle der heutigen „Wasserburg" wenigstens eine befestigte Anlage als Mittelpunkt eines Herrschaftskomplexes befunden haben. Gemäß einer undatierten Urkunde erneuerte dann der Hallgraf Engelbert mit seiner Gemahlin Hedwig etwa um 1125 das Kloster Attel und verlegte seinen Stammsitz von der „Lintburc" nahe Attel flussabwärts nach Wasserburg, um dem Kloster eine ungestörte Entwicklung zu ermöglichen. Landschaftlich herrlich in und über der Innschleife gelegen und mit ausgezeichneter Möglichkeit der Flussüberwachung, des Brückenschutzes und der Beobachtung der Schifffahrt, wuchsen Burg und Ort sehr rasch, so dass bereits 1157 und 1178 Synoden bayerischer Bischöfe hier stattfanden. Graf Dietrich, Nachfolger seines Vaters Engelbert, war verheiratet mit Heilica, der Tochter des ersten Wittelsbacher Herzogs Otto. Eigener Grundbesitz und

Grafschaftsbezirk waren weit ausgebreitet. Hohe Einnahmen brachten der Salzhandel und die Naturalabgaben für den gräflichen Kasten auf der Burg. Zahlreich war die Ministerialität: Laiminger, Katzbacher, Edlinger, Schonstetter, Eiselfinger, Penzinger und noch andere. Dietrichs Sohn Konrad war kinderlos und schloss mit seinem Vetter Herzog Otto dem Erlauchten einen Erbvertrag. Aber noch vor seinem Tod, 1247, bemächtigte sich der junge Herzog Ludwig nach siebzehnwöchiger Belagerung der Burg und Stadt, weil Konrad den aus Bayern ausgewiesenen päpstlichen Legaten Albert Behaim bei sich beherbergte. Konrad floh und starb 1259 in der Steiermark. Er hatte das Dominikanerinnenkloster Altenhohenau gegründet und mit Gütern reich ausgestattet; unter ihm bildete sich Rosenheim mit der wasserburgischen Burgwarte Schloßberg; Konrad förderte auch das Salzburger Domstift und andere Klöster. 1392 fiel Wasserburg an die Linie Oberbayern-Ingolstadt. 1447 an Niederbayern-Landshut und bei der Zusammenlegung der wittelsbachischen Lande (1506) zum Rentamt München. Das Schloss wurde ab 1531 als Teil der Burg neu errichtet, mehrmals umgebaut und im Laufe der Jahrhunderte für verschiedene Zwecke verwendet; heute ist es ein Altenheim.

14. Amerang i. Chiemgau

24

Der Ort Amerang an der Straße von Bad Endorf nach Frabertsham wird erstmals um 788 urkundlich erwähnt. 1072 erscheint ein Adeliger Patto in den Urkunden, der sich nach seinem Wohnsitz „de Amirangen" nennt. Somit kann der Ort auf eine über 1200- und das Schloss auf eine über 900jährige Geschichte zurückblicken. Die Edlen von Amerang hatten noch einen weiteren Sitz im heutigen Burgschleinitz bei Eggenburg in Niederösterreich, wohin sie sich um 1200 zurückzogen. Erst um 1240 tritt mit Otto I. wieder ein Ameranger Adelsgeschlecht auf, das etwa hundert Jahre hier ansässig war. Der letzte Ameranger zu Amerang war der kinderlose Nikla II., der nach 1330 von seinem Neffen Otto von Laiming beerbt wurde. Bis 1528 jedoch blühte noch eine Nebenlinie der Ameranger auf dem von ihnen im 14. Jahrhundert erbauten Schloss Neuamerang bei Sondermoning. Die Laiminger besaßen Amerang bis 1522, dann gelangte es an Johann von der Leiter (della Scala von Verona und Vicenza), der die Erbtochter Margaretha geheiratet hatte. Die Scaliger ließen um 1570 den berühmten Arkadenhof des Schlosses errichten. Sie erloschen 1598 im Mannesstamm. 1600 kaufte Georg Sigmund Freiherr von Lamberg Schloss und Hofmark Amerang und heiratete später Johanna von der Leiter, die Schwester des letzten Scaligers auf Amerang. Die Nachkommen aus dieser Ehe besaßen Schloss und Hofmark bis 1821. Die Erbtochter Wilhelmine Gräfin von Lamberg ehelichte 1818 Maximilian Freiherrn von Crailsheim, und Schloss Amerang ist bis heute das Eigentum dieser Familie. Das zugehörige Gut wird immer noch bewirtschaftet. Im Rahmen von Führungen kann man einige mit wertvollen Gemälden und Möbeln (vor allem aus der Lamberg-Zeit) ausgestattete Räume besichtigen, ebenso die gotische Schlosskapelle mit Barockaltar. Weithin bekannt sind die Ameranger Schlosskonzerte, die im Sommer im Arkadenhof stattfinden.

In der Pfarrkirche zu Amerang befinden sich die Grabsteine des Jörg Laiminger (✝1476) und des Johann Dietrich von der Leiter (✝1598), des letzten Scaligers auf Amerang. Weitere sehenswerte Laiminger-Grabsteine birgt die Kirche des Klosters Seeon.

15. Oberbrunn

25

In Oberbrunn, eine Wegstunde westlich von Seeon gelegen, übergaben die edlen Brüder Eginolf und Waltker 924 dem Erzbischof Odalbert von Salzburg ihren Besitz. Die Zeugen dieser Beurkundung tragen bekannte aribonische Namen, so dass man den Ort als frühen Besitz dieses Geschlechts ansehen kann. Ein Friedrich von Eschenau schenkte um 1160 seine Güter in „Prunnen" an Herrenchiemsee; er selbst war Ministeriale des Kraiburger Markgrafen Engelbert. 1530 bekamen die Herren von Sonderdorf die Hofmark, 1607 die von Armansberg. Wilhelm von Armansberg hatte auch den Sitz Frabertsham inne. Beide Hofmarken wurden nun gemeinsam geführt, der Hauptsitz der Armansberger war Schönberg im Neumarkter Gericht. „Allain zur Stifftszeit" kam die Herrschaft nach Oberbrunn. In Frabertsham könnte man einen gewissen Fradapreht vermuten, der zu Beginn des 11. Jahrhunderts in einem Salzburger

Rechtsgeschäft Zeugendienste leistete. Im 15. Jahrhundert gehörte Frabertsham „Erasm und Veithen Murhern"; damals hatten sie als Sitz „ein hölzernes Haus wie die anderen Untertanen im Dorf". Als die Edlen von Armansberg ihn übernahmen, bauten sie ihn schlossartig aus. In Oberbrunn wurde 1820 ein Patrimonialgericht eingerichtet. Das Schloss ist dreistöckig, nach außen ganz schlicht. Umso sehenswerter ist die aus dem Jahre 1536 stammende und später mit einem feinen Frührokokostuck versehene Kapelle, die seit ihrer Renovierung 1971 als einer der schönsten Barockräume des Chiemgaus gilt. Schloss Oberbrunn war einige Jahre Familienerholungsstätte und ist jetzt ein Meditationshaus im Privatbesitz.

Nordöstlich von Wasserburg liegt Schloss *Penzing*, am gleichnamigen See. Penzing ist uraltes Siedlungsgebiet, und die Penzinger waren Dienstleute der Wasserburger Grafen. Später war Penzing herzogliches Lehen, seit der Wende zum 16. Jahrhundert wechselten häufig die Besitzer. Heute ist es Privatbesitz. Das Gebäude ohne jede äußere Gliederung macht noch einen mittelalterlichen Eindruck, trotz seiner Umbauten im 19. Jahrhundert. Leider wurden damals die gotischen Rippen der Schlosskapelle, eines zweijochigen Baues aus dem Jahre 1483, abgeschlagen.

16. Hartmannsberg

26

Inmitten der hügeligen Seenlandschaft östlich von Bad Endorf liegt Schloss Hartmannsberg. Als Begründer von „Hadamarsperc" gilt der Edle Hadamar, der um 930 in den Urkunden auftritt und zu den bedeutendsten Vasallen des Salzburger Erzbischofs Odalbert zählte. Später sind die Sighardinger im Bereich von Hartmannsberg begütert. Der Besitz gelangte dann an die Grafen von Weyarn-Neuburg: Wahrscheinlich gehörte er zum Witwengut der Irmgard von Rott (✝ um 1101), die in erster Ehe mit dem Sighardinger Engelbrecht V. (✝1078) verheiratet gewesen war. Sie brachte es dann in ihre Ehe mit Graf Gebhard II. von Sulzbach ein und gab es als Heiratsgut ihrer Tochter Adelheid, die Graf Siboto II. von Weyarn ehelichte. Deren Enkel Siboto IV. Graf von Falkenstein-Neuburg wurde 1158 Vogt des nahen Klosters Herrenchiemsee und baute die alte Wehranlage zu einer stattlichen Burg aus. Die Weihe der St. Jakobs-Burgkapelle im Jahr 1160 zeigt den Abschluss der Arbeiten an. Diese Veste erhob sich auf der „Zickenburg", einer jetzt bewaldeten Halbinsel im Langbürgner See östlich des heutigen Schlosses. 1247 belagerte und eroberte Herzog Ludwig im Rahmen einer Fehde Hartmannsberg. Konrad, der letzte Graf von Falkenstein-Neuburg, starb 1260 verarmt und kinderlos. Hartmannsberg blieb nun in den Händen des Landesherrn, die alte Burg verfiel und diente als Steinbruch, u. a. für den Neubau der Eggstätter Kirche. Ein Stein mit einer Falkendarstellung am Turm erinnert dort noch an das erloschene Geschlecht. Der Burgstall und die neue „Vest" Hartmannsberg (diese erhob sich wahrscheinlich schon an derselben Stelle wie das heutige Schloss) kamen 1394 an Otto von Pienzenau. Der bekannteste Pienzenauer aus dieser Linie war Hans (1468-1504), der als Pfleger von Kufstein auf Befehl von Kaiser Maximilian enthauptet wurde. Um 1690 ließ Johann Albrecht Freiherr von Pienzenau das jetzige Schloss errichten. Franz de Paula, der Letzte dieses Geschlechts, starb 1764. Von da an wechselten die Besitzer rasch. Heute gehört das Schloss einer Schweinfurter Fabrikantenfamilie, die es nach einem Brand im Jahre 1957 sehr behutsam restaurierte.

17. Vogtareuth a. Inn

27

Auf einem flachwelligen Hügelland, das eine gute Sicht zu den Inntaler Bergen bietet, liegt Vogtareuth. Es hat zwar nie ein eigentliches Schloss oder eine Burg gehabt, aber es war Mittelpunkt der weit zurückreichenden St. Emmeramschen Grundherrschaft von Regensburg. Das ehemalige Propsteihaus, ein stattliches Bauwerk, wurde nach einem Brand im Jahre 1702 schlossartig neu gebaut. Abtbischof Michael von Regensburg erlangte auf dem Hoftag vom 9. Juni 959 eine Besitzbestätigung über Vogtareuth, das damals einfach Reuth genannt wurde. Verwiesen ist in jener Urkunde auf einen Grafen Warmunt, der diese Schenkung gemacht haben soll. Dieses geschenkte Gebiet war anscheinend früher Königsforst, der nach 924 gerodet („Reuth") und mit Siedlerstellen durchsetzt wurde. Dabei wurde Reuth der Sitz der Verwaltung dieses ganzen Wald- und Rodungsgebiets. Im Interesse einer klaren Besitzabgrenzung erhielt Abt

Richolf 1021 von Kaiser Heinrich II. eine nochmalige Besitzbestätigung von Reuth, als sich in Regensburg Bistumsverwaltung und Kloster völlig getrennt hatten. Reuth lag damals in der Grafschaft des Pabo und erlangte eine klare Immunität: frei vom Bischof und jeder anderen Gewalt. Es entwickelte sich zur Hofmark, die ein vom Kloster aufgestellter Richter, „Propst" genannt, verwaltete. Dieses Propsteigericht wurde erst 1811 aufgehoben und das Reuther Ländchen, das zum Pfleggericht Kling gehört hatte, schließlich dem Landgericht Rosenheim eingegliedert. Das ehemalige Propsteigebäude an der Nordostseite der Pfarrkirche war 1702/03 von dem Hausstätter Maurermeister Hans Mayr neu gebaut worden. Man nannte es einfach „Schloß"; es ging 1811 in Privatbesitz über. Auch über die Kirche hielt St. Emmeram seine Hand und brachte im Jahre 1720 für die Barockstuckierung, den Hochaltar mit reichem Dekor, die Seitenaltäre und die vielen Einzelkunstwerke viel Geld auf. Das Propsteihaus aus dem 18. Jahrhundert blieb beinahe unberührt erhalten. Kennzeichnend sind sein steiles schindelbedecktes Walmdach und sein breiter rundbogiger Haupteingang. Der Besitz, der bis vor Rosenheim und an den Simssee reichte, wurde von hier aus verwaltet.

18. Wildenwart

28

Zum Einflussbereich der Falkensteiner gehört auch das Gebiet südwestlich des Chiemsees. Die Greimhartinger waren hier ihre Ministerialen. Um 1200 erscheint ein Chunradus de Grimhartingen, auch von Wildenwart genannt. Man kann dieses Wildenwart als „Warte in der Wildnis" erklären. Um 1244 trat ein Ulrich von Wildenwart auf. Mit dem Sturz der Falkensteiner wurde die Burg herzoglich-bayerisch, dann kurze Zeit wieder salzburgisch. 1330 verkauften die Brüder Hans und Berthold von Wildenwart ihren Burganteil an die Aschauer auf Hirnsberg. 1378 nahm Herzog Stephan von Bayern Hirnsberg ein, zerstörte es und zwang es zur Anerkennung der bayerischen Lehenshoheit. Nun bekam Wildenwart seine besondere Bedeutung als Hauptburg des Gerichts, so dass es bis 1813 „Gericht Wildenwart" hieß. Der Bayernherzog verpfändete Wildenwart 1395/97 an den Salzburger Ritter Jakob von Thurn, dem auch

Neubeuern gehörte. Ab 1434 amtierte in Wildenwart ein bayerisch-herzoglicher Pfleger. 1501 verkaufte Herzog Georg der Reiche von Landshut das Schloss an den reichen Rattenberger Bergwerksunternehmer Hofer. 1504 wurde es von den kaiserlichen Truppen ausgeplündert und niedergebrannt. Nach 1540 erwarb es Pankraz von Freyberg auf Hohenaschau, 1610 - bei der Teilung des freybergischen Erbes - fiel Wildenwart an den Freiherrn von Schurff; dieser war auch Herr auf Mariastein bei Kufstein. 1771 verkaufte dieses Geschlecht das Schloss an die Preysing auf Hohenaschau. Nach diesem ewigen Hin und Her wurde es 1862 dem Erzherzog Franz V. von Modena-Este und seiner Gemahlin Adelgunde von Bayern, einer Schwester des bayerischen Prinzregenten Luitpold, übergeben. So kam Wildenwart an das bayerische Königshaus und blieb bis heute wittelsbachischer Besitz. Der als mittelalterliche Ringburg angelegte Burgbau über dem steilen Tal der Prien wurde hauptsächlich im 16. und 17. Jahrhundert in der heutigen Form umgebaut und blieb „der best erhaltene und in seiner Art stimmungsvollste alte Schlossbau des Landkreises Rosenheim". Der Altar der Schlosskapelle ist ein Werk des Aiblinger Rokokobildhauers Josef Götsch.

19. Brannenburg a. Inn

29

Die Herren von „Prantenperch" traten im 12. Jahrhundert als Dienstleute der Falkensteiner auf. Möglicherweise war der Ort aber schon vorher in den Händen der Odalbertsippe, vielleicht im Besitz des von den Aribonen abstammenden Bischofs Albuin von Brixen. Jedenfalls wird um 990 sein am Sulzberg gelegener Eigentumskomplex zusammen mit dem von Flintsbach und Degerndorf genannt. Im 11. und 12. Jahrhundert entstanden durch Rodung und Niederbrennen des Waldes die dahinter gelegenen Einödbauernhöfe am Brannenberg. Ausgerechnet Otto von Brannenburg ermordete den letzten Falkensteiner im Bad zu Neuburg. Brannenburg wurde daraufhin auch bayerisch-herzoglich mit einer sehr kleinen Hofmark. Diese kam 1554 an Hans Kaspar von Pienzenau und von ihm an Wolf Dietrich Hundt, der damals bereits auf Falkenstein saß. 1728 erwarben es die Preysinger auf Neubeuern und Hohenaschau. Zur Zeit ist Schloss Brannenburg ein Schülerheim.

Schon Hans Pienzenauer hatte das Schloss 1561 an seiner jetzigen Stelle neu gebaut. Es war besonders den Preysingern ein wegen seiner sonnigen Lage beliebter Sommersitz. Sie änderten wenig an der ursprünglichen Renaissanceform; der Neptunsbrunnen vor dem Schloss ist noch ein Zeuge jener Zeit. Zwischen 1872 und 1875 wurde es im neugotischen Stil umgebaut, so dass es heute ein romantisches Bauwerk darstellt. Um vom alten Brannenburg noch etwas zu entdecken, muss man in die Dorfkirche gehen und die alten Grabsteine ansehen: die von Wolf Dietrich Hundt, dem Herrn auf Falkenstein, Brannenburg und Mooseck, ✞1610; Jakob Hundt, ✞1692; Ferdinand Hundt von Lauterbach auf Brannenburg, ✞1724; und zwei preysingsche Epitaphe.

Nördlich des Ortes war der Sitz *Mooseck*, den zuerst die Tarchinger, dann die Radlkofer und ab 1572 die Hundt innehatten. Droben am *Sulzberg* saßen schon sehr früh die Sulzberger. Auch die Herren von Pang hatten hier Eigentum. Auf *Höllnstein* waren die Höllnsteiner. Die Falkensteiner Grafen schufen hier viele neue Siedlerstellen und dotierten damit den Petersberg. Auch in Holzhausen (hinter Brannenburg) saßen Ministerialen der Falkensteiner Grafen.

20. Falkenstein b. Flintsbach

30

Wie die Grafen von Neuburg-Falkenstein in den Besitz von Falkenstein südlich von Flintsbach kamen, ob ihre Burg damals schon über der Rachelwand oder bei einem in der Nähe liegenden Hof Altenburg stand, ist ungewiss. Jedenfalls war der Ort bereits um 990 aribonischer Besitz in den Händen Bischof Albuins von Brixen. Um 1120 wird ihr Sitz „Ualchinsteine" genannt. Die Burg war schwer zugänglich und bestand aus der östlich gelegenen Hauptburg und einem westlichen niederen Teil, dazwischen war, von Süden her, die Auffahrt. Nur noch wenige Mauerreste sind oben zu sehen. Der Salzburger Megingoz von Surberg zerstörte sie 1296 zusammen mit dem darüber befindlichen Petersbergklösterl. Die Burg wurde aber später weiter unten aufgebaut.

Auf der oberen Burg hausten die Sibotos, ein angesehenes Geschlecht. Der erste dieses Namens war angeblich der Gründer (oder Wiederbe-

gründer) der Petersbergkirche. Er stattete sie jedenfalls mit Gütern aus. Siboto III. ließ den so wertvollen Falkensteiner Kodex verfassen, aus dem wir den wirtschaftlichen Besitz dieses Grafen und die damaligen sozialen Verhältnisse erkennen können. Die Grafschaft reichte links des Inn von Brixlegg in Tirol bis zur Vogtei Aibling. Verbunden mit ihr waren die Grafschaft Neuburg bei Vagen, die Vogtei Aibling, die Herrschaften Hartmannsberg am Chiemsee und Herantstein im Wiener Wald, hunderte von Lehen weltlicher und geistlicher Herren und die kirchlichen Vogteien von Weyarn, Herrenchiemsee, Petersberg und eine Anzahl von Pfarrkirchen. 1246 traten die Wittelsbacher dieses Erbe an. 1556 kamen die Hundt von Lauterbach, 1642 die Freiherren von Ruepp aus München und 1768 die Preysing auf Brannenburg und Neubeuern in den Besitz von Falkenstein. Brände von 1784 und 1789 zerstörten die Burg bis auf den noch heute bewohnten und im Besitz Fabrikanten Henkel befindlichen Bergfried.
Östlich von Reisach steht Schloss *Urfahrn*. Aus einer alten Überfahrt hervorgegangen, bauten die Messerer 1721 ein neues Schlösschen nach den Plänen von Ignaz Anton Gunetzrhainer mit einer herrlich stuckierten Schlosskapelle von Johann Baptist Zimmermann.

21. Neubeuern südlich a. Inn

31

Das Inntal wird in Siedlung und Geschichte von alten Herrschaftsgebieten mit ihren Burgen und festen Sitzen geprägt. So ist es auch bei Neubeuern. Über die Grafen von Mödling-Frontenhausen kam der Ort 1226 an das Regensburger Hochstift, weil der letzte dieses Geschlechts, Konrad, Bischof von Regensburg war. Als der jetzige gotische Dombau begonnen wurde, veräußerte das Hochstift 1388 Beuern an den Ritter Hartprecht von Harskirchen. Zum ganzen Komplex zählte auch der uralte Familienbesitz von Althaus (Altenbeuern), der vielleicht seinen Namen von Alta, einer Tochter des Odalbert und der Rhini, erhielt. Einige Mauerreste dieses alten Sitzes, Althaus genannt, stehen noch auf dem Burghügel von Altenbeuern. Der Harskirchner Ritter verkaufte Neubeuern an Wolfhart von der Alben, dieser veräußerte es im Jahre 1403 an den Salzburger Ritter Jakob von Thurn, der wegen eines Verbrechens sein Land hatte verlassen müssen. Um 1670 erwarben es die Preysing auf Hohenaschau. Diese hatten Falkenstein inne und faßten ihre Inntaler Besitzungen zur Herrschaft Neubeuern zusammen, das dann 1808 ein preysingisches Patrimonialgericht wurde. Heute gehört die Schlossanlage der Stiftung Landerziehungsheim Neubeuern, die ein Gymnasium mit Internat für Jungen und Mädchen betreibt.

Im Österreichischen Erbfolgekrieg, 1743, wurde die Burg stark beschossen und mit ihren Befestigungsanlagen gesprengt, dann aber 1747-1752 nach den Plänen des Münchner Stadtmaurermeisters Ignaz A. Gunetzrhainer durch Philipp Millauer aus Hausstätt aufgebaut. Zum alten Baubestand gehört der Bergfried. Der Mittelbau des Schlosses wurde 1905 von Gabriel von Seidl errichtet. Sonst ist die Schlosskapelle das Sehenswerteste. Vollständig neu gebaut, wurde sie mit einem hervorragenden Stuck geschmückt. Der Stuckmarmoraltar stammt von J. B. Zimmermann, die Seitenaltäre, die ohne Säulen rein dekorativ aufgebaut sind, schuf Josef Götsch aus Aibling um 1765; schwungvoll geschnitzt sind die Rahmen mit Reliefs und die plastischen Wappenschilder. Höfische Eleganz herrscht in diesem sakralen Raum, der zu den besten Schöpfungen des Inntals gehört.

22. Hohenaschau a.d. Prien

Mit der Gründung des Salvatorklosters Herrenchiemsee erhielt die Gegend um Prien ihre besondere Bedeutung. In den Ungarnstürmen zerstört, erstand das Kloster wieder 1130 als Chorherrenstift. Die Vogtei bekamen die Falkensteiner auf Hartmannsberg, als Untervögte fungierten die von den Hirnspergern abstammenden Herren von Aschau und die von Greimharting (Wildenwart). Diese zwei Geschlechter behaupteten sich auch noch nach dem Sturz der Falkensteiner. Aus ihren Gerichtsbezirken entstanden die Herrschaftsgerichte Hohenaschau und Wildenwart; Hohenaschau unterstand aber immer der bayerischen Gerichtsbarkeit. Bis 1327 hatten es die Aschauer inne, dann die Mautner von Burghausen, 1374 bis 1610 die aus Schwaben stammenden Freyberg und schließlich von 1610-1853 die Reichsgrafen von Preysing. Das Herrschaftsgebiet umfaßte die Gemeinden Aschau (Stammbesitz der alten Aschauer), Sachrang (1529 durch Kauf erworben, früher salzburgisch-chiemseeisch), Frasdorf (Dotationsbesitz der Sighardinger zu Baumburg), Bernau und Umratshausen. Zu Füßen des Schlosses lebten die Burgsassen, Taglöhner und Handwerker. Später entstanden hier umfangreiche Ökonomiegebäude, eine Brauerei, das Richter- und Gerichtsschreiberhaus, schließlich die Häuser für die Hüttenarbeiter des Eisenschmelzwerkes am Hammerbach und die Holzknechte der herrschaftlichen Waldungen. Die erste Burg soll Konrad von Hirnsberg um 1165 bis 1170 erbaut haben; sie unterstand ursprünglich dem Lehensverband der Falkensteiner. 1251 war Otto von Aschau bereits Dienstmann des Bayernherzogs. In seiner jetzigen Anlage geht die Höhenburg auf das 16. Jahrhundert zurück, besonders die inneren Räume. Bei der Auffahrt zur Burg im Westen standen der Bergfried und davor die Bastionen beim mittleren Tor. Die Burgkapelle wurde 1680/81 von Francesco Brenno stuckiert, ihre Decken- und Wandgemälde mit einem zusammenhängenden Marienzyklus malten Josef Eder und J. Carnutsch. Der linke Seitenaltar stammt von J. B. Zimmermann. Die Burg ist heute Eigentum der Bundesrepublik und kann mit der Kapelle besichtigt werden.

23. Marquartstein

33

Am Eingang zum Achental, auf einem steinigen Felsrücken des zum Tal auslaufenden Hochgerns, baute Marquart II. seinen Sitz und nannte ihn Marquartstein. Er war ein Enkel des Chiemgaugrafen Sighard und der Judit. Bei der Aufteilung des väterlichen Erbes hatte Marquart I. das Gebiet um Grabenstätt und das Achental bekommen. Marquart II., verheiratet mit Adelheid von Kraiburg-Fronthausen, wurde beim Schnappenkirchlein überfallen und tödlich verletzt. Schwer verwundet in sein Schloss gebracht, setzte er Adelheid zur Erbin ein und trug ihr die immer noch nicht erfolgte Gründung von Baumburg auf. Über Uta, die Tochter aus zweiter Ehe der Adelheid kam Marquartstein an Engelbert, Markgraf von Kärnten auf Kraiburg, und 1173 an dessen Bruder Rapoto, den ersten Ortenburger. Als Rapoto III. ohne Manneserbe starb, bekam dessen Tochter Elisabeth, verheiratete von Wartenberg, das Erbe von Marquartstein, und dadurch zog Herzog Heinrich von Niederbayern ins Achental ein. Die Wittelsbacher richteten hier ein Pfleggericht ein, das vom Chiemsee bis an die Weiße Traun und von der Tiroler Grenze bis zur Hohenaschauer Herrschaft reichte.

Die Burg ist trapezförmig angelegt und schaut trutzig ins Tal: gewölbte Torhalle, Wohnbau mit Rundbogenarkaden und Zehentkasten. Der ursprüngliche mittelalterliche Charakter ist noch ganz erhalten, obwohl die Besitzer immer wieder wechselten: 1350 kam sie an die Herren von Wart, 1362 an Herzog Rudolf von Österreich, 1374 an Anna von Neuffen, Gattin Friedrichs von Niederbayern, 1857 an Freiherrn von Tautphoeus. Von 1928 bis 1958 diente die Burg als Landschulheim, dann als Weinklause und Café. Jetziger Besitzer ist Konrad Bernheimer. Das Dorf zu Füßen der Burg hieß früher Luiteshausen, d. h. Leutshausen. Die Zufahrten waren durch Klausen - Grenzwachen - gesichert: bei Bergen, vor Reit im Winkl und vor Hohenaschau. In der Grassauer Pfarrkirche sind noch mehrere Grabsteine der Pfleger und Richter zu sehen.

Bei Grassau steht das Schlösschen *Niedernfels*, ein viergeschossiger stilvoller Renaissancebau mit Ecktürmen, in dem Salesianerinnen ein Schülerheim betreuen.

24. Grabenstätt

34

An der Südostecke des Chiemsees, in Winkl bei Grabenstätt, war der Sitz der Auer aus dem Grassauer Tal. Hans Auer, der eine Amerangerin zur Mutter hatte, führte um 1428 ein eigenes Siegel. Seine Tochter Magdalena war von 1467 bis 1494 Äbtissin im Frauenchiemsee, vielleicht das bedeutendste Glied dieses Geschlechts. Mit Umsicht und Tatkraft ordnete sie die wirtschaftlichen Verhältnisse des Klosters und schuf den gotischen Bau der Klosterkirche nach dem Brand vom 31.1.1491. Die Notiz im „Stammbuch" von Wiguleus Hundt „Hans Auer aus dem Grassauertal wird mit seinem Sohn (Christoph) 1526 selig gesprochen" ist recht seltsam und unklar. Seit 1549 Hofmark, kam der Sitz durch Kauf an Chr. Weitmoser aus Gastein, 1659 an die Gräfin Justine von Lamberg auf Amerang und um die Mitte des 19. Jahrhunderts an die Freiherren von Crailsheim, 1919 an die Familie Brandenburg-Kaspar, jetzt gehört er einem Immobilien-Makler. Das tief heruntergezogene Walmdach gibt dem heutigen Gebäude den Charakter eines typischen Landhauses.

Den Ort Grabenstätt hatte König Otto I. bereits im Jahre 959 nach Salzburg bestätigt. Salzburger Ministerialen hatten ihn in Besitz. Um 1560 erwarb die Familie der Widerspacher hier umfangreiche Ländereien. Wilhelm Widerspacher, kurfürstlicher Fischmeister und Richter zu Traunstein, baute 1595 ein Wasserschloss. Durch Heinrat kam es an Franz von Ehingen. Dieser verkaufte es 1750 zusammen mit der Hofmark an den Grafen von Tattenbach. Nach einem Brand im Jahre 1862 wurde das Schloss im Neurenaissancestil wieder aufgebaut. Heute dient es als Rathaus.

Der uralte Ort *Chieming*, bekannt durch zahlreiche Römerfunde und durch sein am Pfaffinger See gestandenes und 1807 abgerissenes Peterskirchlein, war 1630 eine geschlossene Hofmark im Besitz des Klosters Baumburg. Der frühere Pfarrhof am See ist der Rest eines Schlosses. Hier waren die Ameranger auf Sondermoning seit 1471 die Herren der neu errichteten Hofmark. Nach ihnen kamen die von Schurff, dann die Apfenthaler auf Truchtlaching, 1604 die Toerringer auf Pertenstein, schließlich der baumburgische Richter. Heute tummeln sich um das Schlössl die Badefreudigen.

25. Herrenwörth

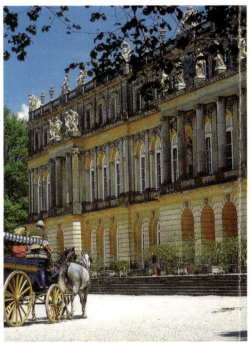

35

Als im Zuge der Säkularisation das alte Chorherrenstift Herrenchiemsee aufgelöst, die Domkirche geschändet (Abbruch der Türme und des Chores, Versteigerung des Inventars, Benützung als Bräuhaus) und die Klostergebäude mit ihrem prächtigen barocken Kaisersaal und der von J. B. Zimmermann stuckierten Bibliothek zum „Schloss" erklärt wurden, hatte das alte Herrenwörth beinahe in der Geschichte ausgespielt. Als aber ab 1878 König Ludwig II. in Begeisterung für Versailles das neue Schloss in märchenhafter Pracht nach den Plänen des Hofbaudirektors Georg Dollmann errichten ließ, lebte die Insel wieder auf. Achthunderttausend Besucher wandern seitdem jeden Sommer am „alten Schloss" (Kloster) vorbei zum Königsschloss. Entsprechend der Gartenfassade von Versailles wurde in Herrenchiemsee das Mittelstück hufeisenförmig angelegt. Das Paradestück des Schlosses ist der Spiegelsaal. Wenn auch die blendende

Pracht vom Kunstgeschichtlichen her nur eine Zweitschöpfung darstellt, muss man die Kostbarkeit vieler Einzelstücke und die Kopierung der französischen Vorbilder als bedeutende Leistung vor allem des Münchner Kunsthandwerks auffassen. Es berührt den Besucher aber immer wieder seltsam, dass der Bayernkönig so viel Bewunderung für das politische Konzept Ludwigs XIV. aufbringen konnte. Auch der von Karl Effner angelegte Garten wurde nicht vollendet, sondern nach dem 1886 erfolgten tragischen Tod des Königs wurden hier, wie beim Schlossbau, aus finanziellen Gründen alle Arbeiten eingestellt. 1907 wurde sogar der Rohbau des Nordflügels abgetragen. So erhielt der Mittelbau eine einheitliche Ausrichtung. Er hatte eine Länge von 103 m. Die Dachbalustraden werden belebt durch reichen allegorischen Schmuck. Berühmt sind das Pfauenpaar im Vestibül, das vergoldete Prunkbett im Paradeschlafzimmer, die 33 Deckenlüster mit 2188 Kerzen im Spiegelsaal und das Speisezimmer mit dem „Tischlein deck dich": Im Garten stehen die Steinpyramiden des Pegasus und der Flora sowie der Latonabrunnen mit 72 froschähnlichen Gestalten. Über dem Ganzen liegt tragische Befangenheit, aber auch Pietät gegenüber dem vom Volk geliebten König.

IV. VERFALLENE BURGEN UND SCHLÖSSER[36]

1. Auerburg

Auf einem nach Osten ins Inntal hinausreichenden Felsrücken stand die Auerburg bei Oberaudorf. Der Ort kam schon sehr früh in aribonischen Besitz und zwar in die Hände des Pernhart, eines Sohnes des Odalbert und der Rihni. Frühe Gütervergaben nach Freising und Salzburg sind deshalb nicht widersprechend, zumal die Aribonen als besonderer Zweig der Huosi-Fagana im freisingischen Raum stark begütert waren und schon frühzeitig in Salzburg Fuß gefasst haben. Später finden wir die Auerburg im Besitz der Falkensteiner. Sie hatten hier ein eigenes Verwaltungsamt eingerichtet, wohin auch die Ablieferungen aus den tirolerischen Besitzungen entrichtet werden mussten. Mit ihrem Sturz kam auch die Auerburg in bayerisch-herzogliche Hände. Nun wurde hier ein eigenes bayerisches Pfleggericht errichtet. Als dann 1504 die früher zu Bayern gehörenden Gerichte Kufstein, Rattenberg und Kitzbühel habsburgisch-österreichisch wurden, war die Auerburg zu einer Grenzfeste geworden, die immer wieder in die kriegerischen Auseinandersetzungen hineingezogen wurde. So vor allem 1704, als die Kaiserlichen die Burg niederbrannten, und ebenso 1743. Aus dieser letzten Zerstörung erstand sie nicht mehr und blieb eine Ruine. Auf alten Abbildungen wird sie uns als umfangreiche breit hingelagerte Ringburg mit hoher Mauer und zinnenbekröntem Abschluss gezeigt, ungefähr rechteckig angelegt. Das Burgtor lag an der Nordseite des ganzen befestigten Felsens, von wo man auch heute noch zum Schlossplatz hinaufgehen kann. Ein Stück Mauer im südöstlichen Bereich ist von der ganzen Burganlage noch übrig geblieben. Das so genannte Burgtor beim Südausgang des Ortes gehörte nicht zur Burg, sondern war Mautstätte und diente auch als Straßensperre (1489 erbaut). Dort saß auch der Gerichtsamtsmann. Später war hier eine Schule. Das Falkensteiner Wappen darüber erinnert an die falkensteinsche Vergangenheit. Die Pfarrkirche hat noch einen Grabstein des herzoglichen Bediensteten Kolmann Münch zu Münchhausen, der herzoglicher Rat und Pfleger auf der Auerburg war, auf dem vor dem Gekreuzigten die Familie des Verstorbenen kniete (1557).

2. Kirnstein - Ramsau - Klammenstein

Zur Sicherung der Straße von Falkenstein nach der Auerburg lag auf halbem Weg eine kleine Veste, *Kirnstein*. Noch heute lebt der „Kirnsteiner" als Einödbauer unterhalb des Felsens, an den bis zur Innregulierung die Altwasser heranreichten. Auf dem Felsenrücken sind noch einige Mauerreste im Viereck gebaut zu sehen, ebenso das vorspringende Mauerwerk des Eingangs an der Südostecke. Auf Kirnstein saßen Dienstleute der Falkensteiner. Nach dem Zerfall dieser Grafschaft wanderte der Besitz durch mehrere Hände: die Preysinger, Laiminger, der niederbayerische Herzog, Fraunhofen und Waltenhofer hatten es. 1504 wurde es endgültig zerstört und seitdem schauen seine Trümmer durch den Wald ins Tal herab.

Über Nußdorf am Inn stand nördlich *Ramsau*. Seine Ruinen wurden erst 1840 beseitigt. Einst in den Händen des reichen Bergwerksbesitzers Hofer auf Urfahrn, dann um 1630 im Besitz der Auer auf Pullach, war es schon damals „ein gar schlechts Bauerngütl". Sein ehemaliger Besitz umfasste 35 Zehenthäuser. Südlich davon über dem Steinbach war Burg *Klammenstein*. Schon im 12. Jahrhundert werden die Klammensteiner im Falkensteiner Salbuch genannt. Auch finden wir sie im Gefolge der Andechser Grafen in Benediktbeuern und mit dem Falkensteiner Siboto auf dem Gerichtstag zu Laindern (Warngau). Am 18.12.1318 versprechen Wolfker und Katharina Klammensteiner ihrem Oberlehensherrn, dem Regensburger Bischof Niklas, ihre Treue. Zum dortigen Domstift gehörte damals der ganze Geländestreifen rechts des Inns. Sie hatten auch die Veste Türkenfeld bei Landsberg und Beziehungen zum Kloster Indersdorf, wo der letzte Klammensteiner, Konrad III., begraben wurde.

Bei Windshausen südlich von Nußdorf stehen die Ruinen des *Kaiserturms*, ein Wachturm hart an der früher hier vorbeiziehenden Römerstraße, schon 1310 erwähnt und immer wieder von Tirolern und Bayern heiß umkämpft: 1611, 1703 und 1809. Im zuletzt genannten Jahr wurde er von Bayern und Sachsen eingenommen. Damit war aller Streit um den Turm zu Ende, der auch fälschlicherweise „Katzenstein" genannt wird.

3. Schloßberg

In der Zeit, als die Falkensteiner abtraten (1246) und sich südlich des alten Pfunzen (Pons-Aeni) bei einem neuen Brückenübergang an der in den Inn einmündenden Mangfall neu gesiedelt wurde, hatte Graf Konrad von Wasserburg zum Schutz seiner Besitzungen die Veste Schloßberg gebaut. Aber schon 1247 musste auch er vor dem Bayernherzog kapitulieren. Wie Falkenstein fiel auch Wasserburg mit Burg und Stadt und damit auch Schloßberg an die Wittelsbacher. Jetzt bildete sich das Rosenheimer Pfleggericht, westlich vom Inn mit dem Amt „am Kolber", östlich mit den Ämtern Stefanskirchen und Rossersberg (Samerberg). Schloßberg wurde herzogliches Pflegschloss, mitunter auch „castrum Rosenheym" genannt. Um 1425 wurde es im Krieg der bayerischen Herzöge zerstört, aber wieder aufgebaut. Auch im Landshuter Erbfolgekrieg 1504 war es schwer in Mitleidenschaft gezogen, ebenso dann 1743 von den durchziehenden Österreichern stark bedrängt. Nach den Bestimmungen des Füssener Friedens musste es zerstört werden. Nun wanderte der Sitz des Pflegers in die Stadt hinunter.

Das Schloss lag bis dahin beherrschend auf dem rechten Innufer neben der Brücke. Es war wie eine mittelalterliche Ringburg gebaut, jedoch ohne beherrschenden Bergfried. Nichts blieb mehr von dieser Burganlage übrig - mit Ausnahme die Pfarrkirche St. Georg, die mit dem Patrozinium dieses ritterlichen Heiligen auf die ehemalige Burgkapelle verweist. Ursprünglich im Bereich der Burg - „mit dem Schlos anfangs unter einem Tach" - galt sie als landesfürstliche Burgkapelle mit „vil schener würdiger Heilthumb" (= Reliquien), nach 1392 aber erbrochen und ausgeplündert. Als sich allmählich eine kleine Ansiedlung um die Burg bildete, baute man die neue Kapelle außerhalb derselben. Sie unterstand dann dem herrenchiemseeischen Pfarrer von Riedering. In der Barockzeit baute man sie dementsprechend neu, bis sie schließlich wegen Raumknappheit 1809 abgebrochen und später inmitten des angewachsenen Ortes neuromanisch in größeren Ausmaßen gebaut wurde. Die letzten Mauerreste der Burg aber wurden Anfang des 19. Jahrhunderts als Baumaterial verwendet.

4. Hirnsberg

Über der Nordostecke des Simssees liegt das Kirchdorf Hirnsberg. Seinen Namen bekam es von der gleichnamigen Burg, die auf dem so genannten Wirtsberg am Steilhang zum See stand. Hirnsberg wird um 1100 unter Graf Siboto I. von Neuburg-Falkenstein urkundlich erstmals als „Herrantisperch" genannt. Dieser Name leitet sich von einem gewissen Herrant ab, welcher der Sohn des Grafen Patto II. auf Falkenstein war. Herrant war Teilnehmer am 1. Kreuzzug ins Heilige Land, von dem er nicht mehr zurückkehrte. Möglicherweise war das Gebiet um Hirnsberg zusammen mit dem von Hartmannsberg (Hademarsberg) an die Falkensteiner gefallen, als Hartmannsberg durch die Heirat der Adelheid von Sulzbach mit Graf Siboto als Heiratsgut an die Falkensteiner kam. Nach einer anderen historischen Version kam durch die aribonische Verwandtschaft des Bischofs Albuin von Brixen und sein Versipptsein mit Hadamar, dem Gründer von Hademarsberg, dieses Gebiet an die Falkensteiner, wie es auch bei Flintsbach am Inn der Fall war. Jener Graf Herrant hatte drei Söhne: Rudolf, Wolfker und Bernhard. Letzterer steht im Zusammenhang mit der Gründung von Bernried. Wolfker erhielt erbweise Antwort und Hirnsberg. Nach seinem kinderlosen Tod fiel Hirnsberg an seinen Bruder Rudolf und dadurch wieder an die Falkensteiner und die nachfolgenden Sibotonen zurück. Diese hatten damals auch die Vogtei über die Salzburger und herrenchiemseeischen Güter im westlichen Chiemgau, wodurch sich ihr Einfluss bedeutend vermehrt hatte. Hirnsberg erscheint später in den Händen der Aschauer. Schließlich wurde es im Streit mit Herzog Stephan von Bayern 1378 zerstört und nicht mehr aufgebaut. Aus der ursprünglichen Marien-Schlosskapelle entstand die heutige, durch ihre Barockisierung beachtliche Dorfkirche. Am Nordhang der Ratzinger Höhe steht der Rest einer Hirnsberger Nebenburg, der Speckerturm, dessen Ruinen in Höhe von 6 Metern der sichtbare Rest des alten Herrantsberg sind.

5. Kling bei Wasserburg

Weit verzweigt war das Geschlecht der Dießener-Andechser und ebenso weit verstreut, sogar östlich des Inns, ihr Grundbesitz. In der zweiten Hälfte des 11. Jahrhunderts war die Andechserin Hemma, eine Schwester des Grafen Arnold II., mit einem Graf Walter von Kling verheiratet. Dieser war ein Nachkomme eines bereits früher vorkommenden Walter, der Vogt von Salzburger Erzbischöfen war und an einem 23. Mai des 11. Jahrhunderts starb. Vielleicht war er der Großvater jenes erstgenannten Grafen Walter von Kling. Letzterer hatte wiederum einen gleichnamigen Sohn; dieser wurde der letzte Graf von Kling. Unter Abt Rupert von Ebersberg (1085-1115) wurde er ein „berühmter Graf" genannt, war nach 1070 auch Vogt von Ebersberg und schenkte dorthin reichen Grundbesitz westlich und östlich des Inns. Sein Bruder Engilbert nannte sich „von Hofkirchen" bei Erding. Dieser Walter saß wie seine Vorfahren auf dem ererbten Stammgut und auf Schloss Kling. Kling ist heute ein kleines Dorf an der Straße Wasserburg - Schnaitsee, im Mittelalter war es Sitz eines Pfleggerichts. Seine Lage war beherrschend über das ganze Hügelland des westlichen Chiemgaus. Nach dem kinderlosen Tod des Walter traten die anverwandten Dießener-Andechser die Erbfolge an. Hemmas Bruder Arnold hatte einen Sohn, Gebhard von Dießen. Er war verheiratet mit der Sighardingerin Richarda aus Ebersberg. Dieser Ehe entspross Hallgraf Engelbert, der seinen Stammsitz nach Wasserburg verlegte und urkundlich nach 1122 genannt wird. In Kling aber standen auch nach dem Aussterben der Wasserburger das herzoglich-churfürstliche Schloss mit Gerichtsschreiber-, Oberjäger- und Eisenamtshaus, eine Taverne und drei weitere Anwesen. Das so wichtige Kastenamt zur Verwaltung der Urbars- und Vogteigüter aber wanderte nach Wasserburg. Schloss Kling war in einem großen mehrstöckigen Geviert gebaut mit vier barocken Ecktürmchen. Östlich lehnten sich die Wirtschaftsgebäude an. 1799 wurde die Pflege Kling aufgelöst, kurz nach Obing verlegt und dann das ganze Gebiet in die neuen Landgerichte Trostberg, Wasserburg und Rosenheim aufgeteilt.

6. Kraiburg

Der alte Isengau am mittleren Inn und an der Isen war zuerst von den Aribonengeschlechtern, dann von den aus Ebersberg kommenden Sighardingern und dann den Spanheimern verwaltet. Durch Gründung von Burgen und Edelsitzen hatte dieser Gau seine besonderen Schwerpunkte. Graf Chadalhoh und seine Gattin Irmingard saßen zu Pürten und übergaben es mit dem Mühldorfer Hart nach Salzburg; sie vergrößerten dadurch dessen Einfluss hier zu Land ganz bedeutend. Sein Erbe trat der Sighardinger Engelbert und nach ihm sein Bruder Marquart an. Dieser war verheiratet mit Adelheid von Frontenhausen, die wiederum nach der Ermordung ihres Gatten Ulrich von Passau (✝1099) heiratete. Ihr einziges Kind Uta (✝1150) vermählte sich mit dem Spanheimer Engelbert, dem späteren Herzog von Kärnten. Die Spanheimer aber schufen sich in dieser Gegend Kraiburg als Mittelpunkt und bauten sich auf dem Bergkegel südlich von „Chreidorf" (700) ihre Kraiburg. Nach Engelbert I. und II. folgten Rapoto I. (1171-1190) und Rapoto II. (1190-1231). Die Gunst des Herzogs verscherzt berannte dieser seine Veste Kraiburg und ließ sie niederbrennen. Rasch erholte sich Rapoto von seiner Niederlage und gewann sogar die bayerische Pfalzgrafenwürde. Sein Sohn Rapoto III. brachte Kraiburg zu höchstem Ansehen. Seine einzige Tochter Adelheid verheiratete sich mit dem Graubündner Hartmann von Werdenberg. Der aber verkaufte Kraiburg an Herzog Heinrich XIII. von Niederbayern. So wurde Kraiburgs Veste der Sitz eines herzoglichen Pfleggerichts, das man 1754 in ein eigenes im Markt erbautes Pflegerhaus verlagerte. 1756 verkaufte man die Burg, und ihre Steine dienten dem Häuserbau. Heute ist der letzte Stein verschwunden. Nicht einmal die neugotische Bergkapelle entspricht der alten Schlosskapelle; denn sie hatte der Neuöttinger Schiffsmeister Riedl zum Dank für Rettung aus Schiffsnot 1838 erbauen lassen. Und selbst der alte Markt mit seiner neuromanischen Pfarrkirche ist gegenüber Mühldorf und Waldkraiburg klein und bescheiden geblieben. Das Gericht aber gliederte man dem Landgericht Mühldorf-Neumarkt ein.

7. Mögling - Stampfl - Hohenburg

Von Wasserburg kommend windet sich der Inn abwechslungsreich an Gars und Au, den alten Klöstern aus der agilofingischen Zeit Bayerns, vorbei. Um 100 erscheint in dieser Gegend ein Graf Kuno von Mögling. Er war Vogt jener beiden Klöster, hielt sich viel in der Umgebung des Herzogs Heinrich des Löwen auf und wurde anscheinend auch von ihm mit dem Grafentitel ausgezeichnet. Sein Sitz Mögling war durch Wälle und Gräben gegen Norden gesichert, nach Süden aber stand ein Wachturm, das so genannte Stampflschlössl, das bereits 886 urkundlich erwähnt ist und quadratisch in einem zweigeschossigen Bau aufgeführt wurde. Wegen der strategischen Lage kann die Möglinger Burg noch älter sein. Bei den Ungarneinfällen sollen hierher die Öttinger Reliquien ausgelagert worden sein. Eine „Frau aus edelstem Geschlechte" soll Richildis gewesen sein; sie war die Witwe Kunos II., der 1097 bei Saaldorf im Kampf des Salzburger Erzbischofs Thiemo, eines Möglingers, gegen Berthold von Moosburg gefallen ist. Kuno III. und Kuno IV. (1120-1146) folgten als Herren auf Mögling. Damals betrieb man um die Burg sogar Weinbau, sodass „der gute Tischwein für die Burg und das Kloster Au selbst gewonnen wurde" und nicht erst welscher Wein den Inn herab aus Tirol gebracht werden musste. Beim Stampfl zu stehen und auf die Innschleifen zu schauen, mitten drinnen in den grünen saftigen Wiesen das uralte Kloster Au und bei klarem Wetter die Bergkette vor Augen, ist etwas vom Schönsten in dieser Gegend.

Gegen Südwesten liegt *Hohenburg*, völlig unbekannt. Früher ein agilolfingisch-karolingischer Gutshof, erscheint darauf im 12. Jahrhundert ein „Graf Sigfrid von Hohenburg". Er soll ein Freund des Hallgrafen Engelbert gewesen sein. Die Hohenburger waren möglicherweise Verwandte der Ebersberger oder der Möglinger. Letztere waren jedenfalls ihre Erben. Von diesen kam es an das Domstift Regensburg und zwar durch Bischof Konrad von Regensburg, dem letzten der Möglinger-Frontenhauser (1226). Regensburg hatte hier ein eigenes Urbaramt. Die St. Nikolaus-Schlosskapelle wurde 1648 von den Schweden niedergebrannt. Nur ein alter Cruzifixus soll damals unversehrt geblieben sein.

8. Mörmoosen

Von Peterskirchen bei Trostberg her durch wiesenreiches Gelände in Richtung Tüßling zieht der Mörnbach dahin. Kurz vor seiner Einmündung in die Innebene schaut Mörmoosen von links herab ins Tal. Der Ort war alter aribonischer Besitz in den Händen der Odalbertsippe. 927 übergab die edle Frau Heilrat ihren hiesigen Besitz, 930 der edle Otschar, Bruder der Heilrat und Graf im Isengau, die Burg Mörmoosen dem Erzbischof Odalbert. Im 12. Jahrhundert schenkte die edle Gertrud aus dem Geschlecht der Haunsberger und wohnhaft in Mörmoosen Besitz und Hörige nach St. Peter in Salzburg; dabei machte Siboto von Surberg den ersten Zeugen. So bekam dieses Kloster in und um Mörmoosen umfangreichen Besitz und die Schlosskapelle auch das Patrozinium des hl. Petrus. Nach dem Tod des Kraiburger Rapoto III. (✝4.6.1248) wurde anscheinend in Mörmoosen ein bayerisches Gericht gegründet. Als erster Richter erscheint der ältere Ortlieb von Wald. Er entstammte zwar den salzburgischen Ministerialien, ordnete aber auch nach Rapotos Tod die Verhältnisse um Mörmoosen, in dessen neuem Gerichtsbezirk meist Salzburger Besitz lag. Nach ihm erscheinen als Richter der jüngere Ortlieb von Wald und Ludwig der Grans. 1302 wird „Chunrat der Auwer rihter ze Mormos" genannt. Dem Gerichtsbezirk unterstanden elf Obmannschaften mit insgesamt nur 410 Anwesen; der andere Besitz war meist salzburgisch, insbesondere die Propstei Ober- und Niederwald und das Gebiet um Flossing. Auch die Hofmark Guttenburg hatte hier reichen Eigenbesitz. Im Dreißigjährigen Krieg stand Mörmoosen inmitten einer Bauernrevolte. Gegen die bis an den Inn vorgerückten Schweden sammelten sich rechts des Flusses die kaiserlichen Truppen, die sich aus verschiedenen Nationalitäten zusammensetzten und unter Not und Teuerung litten. Gegen ihre Einquartierungen und Gewalttätigkeiten im Winter 1633/34 erhoben sich die Bauern. Aus den umliegenden Gerichten waren an die zehntausend bewaffnete Bauern unter Führung von Michael Mauerperger zusammengekommen. Am 4.1.1634 drangen zweihundert Bauern in das Mörmoosener Schloss ein. Mauerperger wurde aber ergriffen, sein Leib geviertelt, der Kopf im Gericht Mörmoosen und die Glieder an kleinen Galgen in Ötting und Mörmoosen zur Warnung aufgehängt. Die Schlosskapelle aus dem Jahre 1767 ist einziger Zeuge der Mörmoosener Vergangenheit.

9. Dornberg bei Mühldorf

Nördlich vom salzburgischen Erharting bei Mühldorf stand die Burg Dornberg. Unter Herzog Heinrich dem Löwen (1155-1180) wurde der Isengau geteilt in die Grafschaft Kraiburg, welche die Rapotos innehatten, in die Grafschaft Mögling, die Kuno von Mögling erhielt und in die Grafschaft Dornberg. Diese erstreckte sich vom Johannisbuchbacher und Taufkirchner Bach bis an die Rott, den Türkenbach und den Inn. Der Sitz Dornberg wird um 1100 in einer herrenchiemseeischen Urkunde erstmals mit den Dornberger Brüdern Dietmar und Wolfram zusammen mit ihrem Vater Hugo genannt. Diese drei Namen begegnen uns aber bereits 1050 in der aribonischen Übergabeurkunde von Pürten. Dietmar II. nannte sich nicht bloß „von Dornberg", sondern auch „von Lungau". Er gründete um 1121 innerhalb seiner Grafschaft das Benediktinerstift Elsenbach, das 1171 nach Neumarkt-St. Veit verlegt und mit Mönchen aus St. Peter/ Salzburg besetzt wurde. Er selbst zog sich später in das Domstift Gurk zurück. Um 1171 war auf Dornberg Graf Wolfram, dessen Sohn Konrad ein tapferer Parteigänger Barbarossas war. Diesen begleitete er auf seinem Kreuzzug, von dem er aber nicht mehr zurückkehrte. Sein Bruder Eberhard trat die Nachfolge auf Dornberg an - bis 1224. Kinderlos brachte der seine Burg Dornberg, seinen Familienbesitz und die Ministerialen dem Salzburger Erzstift ein. Der Vertrag war auf Dornberg geschlossen und machte Salzburg auch im Nordosten von Mühldorf zu einem umfassenden Grundbesitzer. Der Dornberger Burggraf war nun zu einem Salzburger Untertan geworden. 1254 und 1275 wurden hier die Erhartinger Verträge zwischen Salzburg und Bayern unterzeichnet. In der Nacht vom 28. auf den 29.9.1322 wurde auf Dornberg Friedrich der Schöne von Österreich nach der Ampfinger Schlacht durch Ludwig den Bayern gefangen gehalten. Im Krieg Herzog Stefans von Bayern mit Erzbischof Ortolf plünderten die (salzburgischen) Mühldorfer das (bayerische) Dornberg und zerstörten es. Zwar baute es der Herzog wieder auf, aber kurz nachher - 1358 - fiel es wiederum in Schutt und Asche. Um 1681 erscheint es zwar nochmals - im Besitz der Taufkirchner auf Guttenburg. Um 1835 wird ein Eremit genannt. Heute erinnert nur mehr der nahe Schlosswirt an die Vergangenheit.

10. Leonberg

Hoch über dem steilen Innufer unterhalb Perach schaute Leonberg ins Land hinaus. Das heutige Sebastianikirchlein stand einst ganz vorne am Abgrund und konnte nur durch seine Verlegung 1585/86 weiter nach Norden gerettet werden. Apian im 16. Jahrhundert weiß noch von Überbleibseln der alten Burg zu berichten und von den Leonbergern, die in Ganghofen begraben wären. Beinahe uneinnehmbar hatten sie über dem Inn und zwischen zwei Schluchten ihre Burg angelegt. Der Fluss aber wurde zum gefährlichsten Gegner und riss das verlassene Schloss in die Tiefe. Leonberg soll Herzog Heinrich der Löwe (Löwe = lat. leo) um 1170 gebaut haben. Es stand gegenüber dem westlichen Nachbarn Tafelberg, einer Gründung der Spanheimer, und sollte den Fluss und seine Schifffahrt beherrschen. Nach der Ächtung des Herzogs kam Leonberg und das aus salzburgischem Besitz stammende Tann an Heinrich von Stammham und nach dessen Tod nach Raitenhaslach, schließlich 1210 an Graf Berengar I. von Altendorf, der seit 1209 die untere Grafschaft an Vils und Isar innehatte. Nach ihm war Besitzer Berengar II., der Gründer von Viehbach, und sein Sohn Bernhart. Dieser hat das Deutschherrenhaus in Ganghofen 1278 gestiftet, übergab aber dann seinen Leonberger Anteil dem Grafen von Hals in dessen Bereich auch Aiterhofen, Ganghofen, Tann und andere Güter gekommen waren. Übrigens war Berengar I. ein Sohn Eberhards, der zum Vater den Dornberger Wolfram und zur Mutter eine Gräfin von Julbach und Schaumberg hatte. Deshalb werden die Dornberger auch oft Grafen von Leonberg und Julbach genannt. Nach dem Tode des kinderlose gebliebenen Pfalzgrafen Rapoto III., der nochmals für kurze Zeit den ganzen Isengau zusammenfasste, fiel der Gau und damit auch Leonberg an Bayern, auch wenn es als eigenes Gebilde noch weiter existierte. In dem nicht allzu großen Leonberger Herrschaftsgebiet saß zu Schilthurm im 12. Jahrhundert ein Aribo. Er war Burghüter des Herzogs zu Leonberg. Als sichtbares Überbleibsel der stolzen Leonberger und seines herzoglichen Gründers ragt heute noch der einmalig schöne Kirchturm dieses Ortes über dieses Land.

11. Tettelham

Von Waging-Otting kommend liegt beim Hofbauern der Burgberg Tettelham. Man spürt noch die alte Auffahrt und merkt, wo die Burgmauern standen. Ein herrlicher Blick von oben in das ursprünglich Salzburgische Land um den Waginger See: Wiesen, Felder, Wälder, immer wieder durchsetzt von bäuerlichen Siedlungen, wert, von einem Burggrafen geschützt zu werden. Schon um 755 soll ein Graf Gunther mit seiner Gemahlin Hadeburg hier gesessen und in Otting ein später nach Michaelbeuern verlegtes Kloster gegründet haben. Am 8. Juni 959 schenkte ein Graf Warmund einen großen Forst südlich von Grabenstätt nach Salzburg. 1048 erfolgte die weitere Schenkung eines großen Waldgebiets zwischen Traun und Waginger See dorthin. Der Name Warmund aber tauchte um 1100 auch in Tettelhamer Geschlechtern auf. War jener Warmund ein früherer Chiemgaugraf mit Sitz in Tettelham? Otto, ein Sohn jenes Warmund, wird auch bei den Traunern genannt, den ersten Besitzern von Traunstein. Um jene Zeit kommt auch der Name Siboto vor, mit einem aufrecht stehenden Greif im Tettelhamer Wappen, ein frommer Mensch, der für seine Begräbnisstiftung das Kloster Raitenhaslach beschenkte. Er hatte auch das damals noch Salzburgische Gericht im Chiemgau inne, vor ihm die Grafen von Plain und Rapoto von Kraiburg-Ortenburg. 1254 musste er dieses Amt aufgeben, als in den Erhartinger Verträgen zwischen Bayern und Salzburg die Landesgrenze ganz nah an Tettelham herangerückt und der Traungau nun bayerisch wurde. Die Streitigkeiten um das Land an Traun und Alz sollten nun aufhören. Von Siboto stammen auch die am Hochberg bei Traunstein gelegenen und nach Raitenhaslach gestifteten Güter. 1275 hatte er noch den Zoll bei Lauter. Verwandt mit ihm waren die oft gleichnamigen Surberger, die ähnliche Beziehungen nach Raitenhaslach und Salzburg hatten. Der letzte Tettelhamer verkaufte 1324 seinen Sitz an Konrad von Oberndorf und dieser wiederum an das Salzburger Domstift. Es richtete hier 1349 ein Pfleggericht ein, das aber 1685 nach Waging verlegt wurde. Ein letzter Siboto hatte 1367 noch das Ewige Licht in die Pfarrkirche Haslach gestiftet.

12. Surberg

Gegenüber der Bahnstation Lauter, oberhalb der Salzburgischen Straße stand westlich der Ortskirche die Burg der Surberger. Nach ihrem Wappen, einem aufsteigenden Greif, dem ehemaligen Pfarrgebiet von Otting mit den dazu gehörenden Orten Tettelham und Surberg und dem wiederholten Vorkommen gleicher Geschlechternamen müssen Tettelhamer und Surberger eng miteinander verwandt gewesen sein. In der Schenkungsurkunde Kaiser Heinrichs III. v. J. 1048, wodurch ein großes Waldgebiet dem Salzburger Erzstift überlassen wurde, sind bedeutende Geschlechter der Sighardinger als in diesem Gebiet begütert genannt. Danach hatte Graf Sighard, verheiratet mit Judith und Gründer von Baumburg, vier Söhne. Drei weitere Genannte - Siboto, Gerloh und Sigebold - stehen mindestens in engster Verwandtschaft zu ihm. Von Sigebold sollen sich die Trauner ableiten. Ein „Gerloh" taucht im 12. Jahrhundert als Surberger auf, Siboto aber, sein Bruder, dürfte jener Siboto I. sein, den man als den Begründer der Surberger bezeichnen kann. Mit seiner Frau Juta zusammen hatte er zwei Söhne, Siboto II. und Meingot. Letzterer heiratete Diemud von Högel-Seekirchen und war 1167 Burggraf in Salzburg. Er starb am 3.2.1193. Er hatte einen Bruder Gerloh, der in Sigbrehtisdorf (Seiboldsdorf) Begütert war. Siboto II. und Meingot bestifteten die Kapellen auf dem alten St. Petersfriedhof in Salzburg mit einem Gut am Hochberg und sechs Höfen im Siegsdorfer Voglwald, beschenkten die Klöster Raitenhaslach, Reichersberg, Nonnberg und Admont. Hier erwarb sich Meingot für sich und seine Gemahlin eine Begräbnisstätte, während Siboto in Raitenhaslach begraben sein wollte. Zehente im Zillertal und bei Rattenberg verwendeten sie zur Gründung des St. Johannes-Spitals in Stumm/Zillertal. Als dann nach den Erhartinger Verträgen der Traungau, früher noch salzburgisches Gericht, endgültig an Bayern fiel, war auch die Zeit der Surberger vorbei. Die Steine ihrer nun bedeutungslos gewordenen Burg zerbröckelten oder wurden zum Bau der Surberger St. Georgskirche verwendet.

13. Lenzinsberg

Am Westabhang des bewaldeten Hochberges südöstlich von Traustein stand die Burg Lenzinsberg. Name und früherer Standort sind völlig vergessen. Bis um die Mitte des 19. Jahrhunderts lagen dort noch ein Bauerngütl („Burgstall") und eine Waldung „Burgschachen". Man erreicht den Burghügel auf schmalem Feld- und Waldpfad von der Ortschaft Höfen aus oder man steigt dorthin auf steilem Weg von der Blauwandstraße an der Traun auf. Noch erinnert der Name „Höfen" daran, dass hier die zur Burg gehörigen Höfe gewesen sind. Urkundlich erstmals um das Jahr 1000 erwähnt, scheint die Veste zum Schutz des hier begüterten Geschlechts der Tettelhamer gebaut gewesen zu sein. Sie lag innerhalb des von Kaiser Heinrich III. im Jahre 1048 an Salzburg geschenkten Waldgebiets, das durch die Tettelhammer, Surberger, Hallabrucker und Trauner gerodet und besiedelt wurde. Mit solchen Neugründungen beschenkten sie zugleich auch jene Klöster im Chiemgau und Rupertiwinkel, wohin sie meist durch Grablegstiftungen persönliche Beziehungen hatten oder bestifteten die entstehenden Pfarreien. Als Siboto von Lenzinsberg um 1230 die Tochter des Kuno von Taching heiratete, kam die Burg an die Tachinger. Diese begründeten hier die Linie der „Tachinger ob dem Lenzenberge". Unter diesen aber kam Lenzingsberg infolge des Erhartinger Vertrages 1275 aus dem Salzburgischen Bereich in das nun in Traunstein errichtete bayerische Pfleggericht. Nach der Schlacht von Gammelsdorf 1313 versuchte der Salzburger Wulfing von Goldeck durch Einnahme von Lenzinsberg das Rad der Geschichte zurückzudrehen, musste aber die Veste dem Tachinger, der nun Traunsteiner und Trostberger d. h. bayerische Ämter innehatte, wieder herausgeben. Im Jahre 1362 lebte noch ein Hans Tachinger auf Lenzinsberg und verkaufte das Lohgütl von Seiboldsdorf an Abt Johannes II. von St. Peter. Drunten in Haslach schenkten die Tachinger noch zwei Höfe der dortigen Liebfrauenkirche. Um 1400 besaßen die Edlen von Amerang den Burgstall Lenzinsberg; nachher bekam ihn die Haslacher Pfarrkirche, die ihn leibrechtlich an Traunsteiner Bürger weitergab. Heute ist das ganze Gelände aufgeforstet und völlig verändert.

14. Traunstein

An der Südostecke des Stadtberges über der Traun, im Bereich der heutigen Hofgasse und des Hofbräuhauses, stand die alte Veste Truna oder Traunstein. Ursprünglich saß darauf das edle Geschlecht der Trauner, das sich über einen gewissen Sigebold von jenem Chiemgaugrafen Sigehard ableiten soll, der zusammen mit seiner Gemahlin Juditha den Anstoß zur Gründung von Baumburg gegeben hat. Von 1120 ab begegnen uns immer wieder Namen wie Eticho, Otto und Engilbert, Engelmar und Engilschalp, Sigebold, Otto von Eppo, Rudolf, Rapoto und Luitold. Sie scheinen den ganzen Raum um Traunstein besiedelt und erschlossen zu haben, im Zusammenhang mit den ihnen verwandten Tettelhammern, Surbergern und Hallabruckern. 1254 wurde ihre Veste der Sitz eines Salzburgischen Pfleggerichts mit dem Ritter Georg von Truna als Pfleger, als nach dem Erhartinger Vertrag zwischen Erzbischof Philipp von Salzburg und den bayerischen Herzögen Ludwig dem Strengen und Heinrich II. der Traungau für kurze Zeit nochmals Salzburg unterstand. 1275 aber kam das Land an der Traun und Alz mit Traunstein und seiner Veste an Bayern. Nun wurde hier ein herzoglich-niederbayerisches Gericht mit Maut, Zoll und Kasten eingerichtet. Die Maut stand unten an der Traunbrücke im Schutz der Stadtveste; sie war besonders wegen des Salzhandels wichtig geworden. Bis 1704 wurde die alte Veste als Pflegschloss benützt. Die Stadt aber hatte 1311 durch die ottonische Handveste die niedere Gerichtsbarkeit erhalten.

Im Jahre 1498 erwarb das Geschlecht derer von Schaumburg Besitz in der Stadt und baute sich neben dem nördlichen Tor die Hofstatt des Christoph Häupel aus. Hans von Schaumburg, verstorben 1570, dessen bemerkenswertes Grabepitaph in Haslach steht, erweiterte diesen Besitz um 1538/40 zum Schloss mit vier Türmchen, „Neugereut" genannt. Er selbst war Traunsteiner Pfleger gewesen. Beim Stadtbrand 1704 brannten die herzogliche Veste und Neugereut nieder. Die Ruinen der Veste wurden 1764 abgerissen und als Baumaterial verwendet. Nur mehr Namen wie Hofgasse, Hofbräuhaus und das Tor zur Au erinnern noch an die alte Geschichte.

15 Neuamerang bei Sondermoning

An der Straße zwischen Chieming und Matzing, am nördlichen Ortsausgang von Sondermoning, stand auf aussichtsreicher Höhe, die Chiemgauer Berge vor den Augen, Schloss Neuamerang - so benannt nach dem alten Schloss Amerang bei Obing. Heinrich der Ameranger soll hier um 1400 ein neues Schloss gebaut und zum Unterschied zu (Alt-)Amerang „Neuamerang" genannt haben. Ein Ameranger soll nämlich einen Priester ermordet haben; dafür habe er Amerang verloren, das dann den Laimingern verliehen wurde; nur den östlichen Teil seines Besitzes bei Sondermoning soll der Mörder zurückerhalten haben; dort habe er ein neues Schloss gebaut. Dieses entwickelte sich zu einer bedeutenden Hofmark mit Höfen, Zehenten und Reichenhaller Salzpfannen. Die alten Ameranger auf Sondermoning starben 1528 aus. Dann kamen die Kheutzl bis 1584, ein aus Salzburg stammendes Geschlecht, und nach ihnen die Lindl auf Adelholzen bis 1692. Zwei Jahre später übernahm es Graf Franz Adam von Törring auf Pertenstein um 13.000 Gulden. Er bewohnte aber das dreigeschossige Schloss nicht selbst. Es zerfiel und wurde 1760 gänzlich abgerissen; seine Steine dienten zum Bau des Harter Kirchturms. Das Schloss hatte ein Hauptgebäude mit einem zierlichen Erker, anschließend ein kleineres Nebengebäude und eine alles umschließende Mauer.

Das Wappen der alten Ameranger zeigt eine schräg gestellte Schmiedzange auf den zahlreichen Grabsteinen zu Haslach, wohin Neuamerang pfarrlich gehörte und wo sie auch ihre eigene Gruftkapelle beim jetzigen südlichen Kircheneingang hatten. Dorthin stifteten sie eine „ewige Wochenmesse", auch einen „Jahrtag" für ihr Geschlecht, und dasselbe auch nach St. Oswald in Traunstein. An der Haslacher Kirchhofmauer, wo die bedeutendste Grabsteinsammlung der Traunsteiner Umgebung steht, ist der prächtige wappengeschmückte Stein des „edl und vest Hainrich Amranger und Anna seyn Hausfrau, der gestorben ao. Dni. 1483, dem Gott genäd". In der Westwand des Kircheninneren ist das Frührenaissanceepitaph des Georg und der Susanne Ameranger, den letzten ihres Geschlechts.

16. Trostberg

Über der jetzigen Stadt Trostberg stand die alte „Trozzeburg". Der Ort war mit seiner Burg die nördliche Ausgangspforte zum alten Isengau und seinem späteren Herrschaftsgericht Wald und Mörmoosen. Ursprünglich stand hier ein ganz unbedeutender Baumburger Wirtschaftshof. Zu Füßen des Klosters hatten ja die Chorherren die eigentliche Klostersiedlung, den alten Markt (Altenmarkt) angelegt. Graf Rapoto von Kraiburg, auch im Besitz des Chiem- und Traungaues und von Marquartstein, hatte dann den neuen Markt Trostberg im Schutz der Veste gegründet. Die Konkurrenz zu Baumburg ist nicht abzustreiten. Mit dieser Gründung wuchs hier bayerischer Kern, den Herzog Otto der Erlauchte zum „Castrum Trosperch" ausbaute. Bei der ersten bayerischen Landesteilung 1255 kam die Trostburg an Niederbayern und dabei blieb es.

Die Burg über der Stadt, in einfacher niederer Bauweise aufgeführt mit einer Umfassungsmauer und Burgkapelle, war später der Sitz des Pflegers, als hier zugleich ein bayerisches Pfleggericht eingerichtet wurde. Der letzte niederbayerische Pfleger war Hans Pienzenauer, der tapfere Verteidiger von Kufstein im Jahre 1504. Die Aufgabe der Burg wuchs, als die Siedlung 1457 das Marktrecht erhielt. Im Jahre 1810 wurde das alte Burggebäude abgerissen; denn mit der Neuordnung der politischen Verhältnisse anfangs des 19. Jahrhunderts hatte sie ihre Bedeutung, auch als Grenzburg gegenüber der nahen salzburgischen Grenze, verloren. Übrig blieben nur mehr der niedere runde Schlossturm und die Kapelle. Ob sie einst die Stammburg der altbayerischen Drozza gewesen ist, wird neuestens stark bezweifelt.

Am Ortsausgang der Stadt war einst das Schlösschen *Schedling*. Westlich davon lag *Herezham*. Beide waren eigene Hofmarken und zählten 1760 über dreißig Besitzungen. In der spätgotisch erbauten Trostberger Pfarrkirche, die Ritter Hans Hertzheimer auf seine Kosten 1498-1504 erbauen ließ, steht dessen beachtlicher Gedenkstein, lebensgroß im Maximiliansharnisch. „Erbauer von Kirche und Burg" wird er darauf genannt. Er starb 1532 zu Salmannskirchen, wo er auch begraben liegt.

17. Raschenberg - Vachenlueg

Wo die Straße von Neukirchen kommend das Achtal und die Vorhügeln des Teisenberges verlässt, gegenüber dem Horn, lag das Salzburgische Pflegschloss Raschenberg. Zu seinem Gerichtsbezirk, der sich nach 1254/76 herausgebildet hatte, zählten die Dörfer von Surberg-Lauter bis zum Högl, von Teisendorf bis Weildorf und Roßdorf. Der Pflegsitz lag also unmittelbar in der Mitte des Gerichts, mit einer prächtigen Schau in den Rupertigau. Zuerst lebten in Raschenberg die Wilhelminer und Plainer. Mit der Bildung des Salzburger Territoriums waren es nur mehr dessen Ministerialen. Das Kirchenpatrozinium von Oberteisendorf - St. Georg - könnte noch ein Überbleibsel der einstmaligen ritterlichen Herren auf Raschenberg sein. Die Pflegschaft wanderte später nach Teisendorf hinunter in das fürsterzbischöfliche Pflegerhaus, das jetzige Forstgebäude, wo noch über dem Tor das marmorne Wappen des Erzbischofs Leopold von Firmian zu sehen ist. In der Vorhalle der Teisendorfer Kirche hat der 1457 verstorbene Ritter Hans von Schedling ein Denkmal erhalten; es erinnert daran, dass auch er auf dem nahen Schelnberg seine Burg hatte: Ein bärtiger Ritterkopf mit doppeltem Hirschgeweih, „unzweifelhaft das vollendete Werk spätgotischer Salzburgischer Wappenplastik".

Vachenlueg am Nordhang des Högl, war eine Hofmark innerhalb des Salzburgischen Pfleggerichtes Staufeneck. Man kann die Ansicht des untergegangenen Schlosses noch auf einem Bild der Dorfkirche sehen. Martin von Haunsberg hat diese Burg 1413/14 gegründet. Dieses bedeutende Salzburgische Ministerialengeschlecht in mehreren Ämtern des Hochstiftes lebte hier bis 1699. In diesem Jahr starb es aus und auf dem Weg der Erbfolge kam Vachenlueg an die Freiherren von Königsfeld, Arco und Ow. 1722 aber erwarb das nahe Stift Höglwörth die Hofmark mit seinen Besitzungen. Nach der Säkularisation kam es an einen Münchener, das Schloss aber erwarb 1842 der bayerische Staat. Es war aber schon seit 1824 teilweise Ruine geworden. In Höglwörth und in Lauf sieht man noch Grabsteine der Haunsberger auf Vachenlueg.

18. Halmberg - Lampoding

Um die Mitte des 12. Jahrhunderts erscheint ein eigenes Geschlecht: „von Wonneberg" (früher „Wagingerberg"). Sie standen in enger Verbindung mit den Surbergern-Tettelhamern, waren Hochstiftsministeriale von Salzburg und beschenkten St. Peter reichlich. Auch drüben in Kirchhalling saß ein edelfreies Geschlecht, da die edle Diemut ihre Güter 1151/67 zum Hochstift schenkte. Ganz in der Nähe dieser Ortschaften lag Halmberg. Mit Gabwein, dem Trauner wird 1319 der erste Salzburgische Pfleger auf dieser Veste bekannt. Sie wurde aber bereits unter Erzbischof Adalbert III. (1168-77/83) gebaut. Nach dem Historiker Zauner sollte sie eine Grenzveste gegen Bayern werden, zumal durch die Einäscherung der bayerischen Stadt Reichenhall durch Salzburg die politische Lage sehr angespannt war. Zugleich wollte der in dieser Gegend sehr groß gewordene Salzburger Besitz einen besseren Schutz erhalten. Der „Schlossgraben", die Einöde „Burgstall" und der Hof „Halmberg" erinnern noch an die frühere Veste. Nur mehr dem Burggraben kann man nachspüren und weiß dann ungefähr, wo der Salzburgische Pfleger in seiner Veste gesessen hat. Sie lag beherrschend auf den südlichen Höhen von Waging: im Norden die Ländereien um den See mit der St. Rupertuskirche von Gaden, dessen Patrozinium noch heute an den Salzburger Heiligen erinnert; im Süden das ehemalige Missionsgebiet von Zell-Egerdach mit seiner Margarethenkirche; ringsum die frühen Höfe und Siedlungen bäuerlichen Stils, zu deren Schutz man in Wonneberg dem hl. Leonhard die reizvolle gotische Kirche mit den berühmten Arbeiten des Laufener Gordian Guckh erbaut hatte. Im Jahre 1685 wurden die beiden Pfleggerichte Halmberg und Tettelham nach dem inzwischen viel bedeutender gewordenen Waging verlegt und dort gemeinsam bis 1809 verwaltet. Beim barocken Umbau der Waginger Pfarrkirche gingen die Grabdenkmäler der alten Pfleger verloren. Nur ein Monumentalstein mit stark reliefartig ausgeprägtem Doppelhorn an der südlichen Friedhofsmauer wurde erhalten.

Am Ostufer des Sees hatten die Edlen von Lampolding ihren Sitz. Nach dem Aussterben der letzten Besitzer 1853 - der Auer auf Gessenberg - wurde ihr Schloss abgerissen.

19. Lebenau - Laufen - Triebenbach

Eine uralte Schenkung des achten Jahrhunderts an Salzburg war *Lebenau* unterhalb von Laufen („Liubilnaha" 788) und im 12. Jahrhundert Sitz der Lebenauer Grafen. So werden um die Mitte jenes Jahrhunderts die „von Roting" (St. Georgen), Haunsperg, Nußdorf, Utendorf und Reitsberg (Lambrechtshausen) als Ministerialen des Grafen Sigfrid genannt. Auf der Karte Apians vom Jahre 1566 ist die Burg noch abgebildet; ebenso wird sie noch 1684 in den Fridolfingern Pfarrmatrikeln genannt. Das einzige Überbleibsel der Lebenauer ist das 1518 geweihte, reizend gelegene gotische St. Kolomanskirchlein.

Laufen mit seiner überaus reich an Grabmonumenten der verschiedenen Adelsgeschlechter ausgestatteten Stiftskirche (über 200 Grabsteine und Epitaphen aus dem 14. - 19. Jahrhundert, besonders der Gutrater, Nußdorfer und Haunsberger), besaß ein Schloss, das Sitz der Salzburgischen Verwaltung in dem Laufener Pfleggericht war. Wichtige Umbauten dieses Pflegschlosses erfolgten 1424 und vor allem 1606 unter Erzbischof Wolf Dietrich, vermutlich von Vincenzo Scamozzi ausgeführt. Um 1700 wurden die dazugehörigen Festungsbauten abgetragen und der ganze Bau stark verändert. Nach 1862 wurde er als Gefängnis benutzt. Im Inneren und Äußeren ist außer einem Wappenstein des Wolf Dietrich nichts mehr zu sehen. Im Schutz dieses „Castellum ad Louffi", das Abtbischof Virgil um 750 von einem gewissen Swiker gekauft hatte, stand bis zum Jahre 1608 die St. Peterskirche, dessen Glöckchen später als Feuerglocke der Stadt verwendet wurde.

Südlich der Stadt liegt das stark veränderte Schloss *Triebenbach*. Heute noch als gotischer Hochbau mit ehemaligem Wassergraben erkennbar, wird es als Veste erstmals 1355 erwähnt. Um 1520 wurde sie umgebaut, im 18. und 19. Jahrhundert große Teile abgetragen. Noch ist ein Doppelportal zu sehen, im Obergeschoss ein großer Saal mit alter Balkendecke, ferner noch bemerkenswerte Dekorationsmalereien aus dem Ende des 16. Jahrhunderts. Wiederum ist auch hier die Schlosskapelle „Maria Schnee" das besonders Sehenswerte mit einem Deckenstuck von 1755. Der Altar vom Jahre 1677 hat eine Nachbildung des Gnadenbildes von Montserrat.

20. Bad Reichenhall (mit Gruttenstein und Karlstein)

Wegen seiner Salzquellen schon frühzeitig besiedelt, lag Reichenhall beständig im Interessensbereich der bayerischen Herzöge, des Salzburger Erzstiftes und des freien Stiftslandes Berchtesgaden. Eine eigene Hallgrafschaft wird erstmals 1007 genannt. Im 12. Jahrhundert war sie im Besitz der Grafen Dießen-Andechs und Wasserburg. Aber 1169 konnte sie der Bayernherzog erringen. Sitz der Hallgrafen war die auf dem Streitbühel gelegene Burg. Sie wurde 1196 von Salzburg zerstört, wieder aufgebaut und musste vereinbarungsgemäß 1219 wieder zerstört werden. Doch bald darauf baute sich der Herzog gleich über den Salzquellen die Burg Gruttenstein, verbunden mit der Stadtmauer und zum Schutz der Quellen. Zwar haben die Brände von 1585 und 1644 ursprüngliches Mauerwerk zerstört; die Burg wurde aber trotzdem immer wieder aufgebaut und war der Sitz des bayerischen Pflegers (Urbarsamt seit 1224). Von 1763 bis 1866 wurde sie als Kaserne verwendet. Die Hauptgebäude umschließen einen unregelmäßig gebauten Hof, an dessen Südwestecke der Torbau stand.

Dem Schutz der Stadt diente auch die Burg *Karlstein* im Westen gegen den Thumsee gelegen. Von der Straße aus gesehen erscheint sie fast unzugänglich und für die Ringmauer und den Bergfried war kaum Platz. Ursprünglich gehörte dieser Sitz den Grafen von Peilstein, die sich von den Tenglingern ableiten. Die Peilsteiner waren auch die Vögte von St. Zeno bei Reichenhall und im Besitz von Inzell, das sie an dieses Kloster weitergaben. Ihre Nachfolger wurden 1218 in Karlstein die bayerischen Herzöge. Damit hatten diese nun freien Zugang von Traunstein und Inzell her nach Reichenhall. Im Jahre 1539 verlieh Herzog Wilhelm IV. Burg und Gerichtsbezirk Karlstein an die Fröschl von Marzoll. Aber schon 1590 nahm der Herzog es wieder an sich und verlegte 1699 die kleine Pflege nach Reichenhall. Seitdem verfiel die Burg immer mehr, diente als Steinbruch und wurde schließlich zu einer sehr eindrucksvollen Ruine. In unmittelbarer Nähe steht das barocke Pankratiuskirchlein, das sich noch bis in die Gegenwart retten konnte.

21. Törring - Tengling

Im Norden des Tachinger Sees bei der Ortschaft Haus lag die Stammburg der Grafen von Törring, eines der ältesten Geschlechter unseres Landes. Durch umfangreiche Erwerbungen verzweigte sich das Geschlecht sehr weit. Bereits um 753 wird ein Albeck von Törring als oberster Jägermeister des Herzogs Thassilo erwähnt. Kaspar der Törringer, ein überaus energischer Ritter, trat an die Spitze des von 25 bedeutenden Adelsgeschlechtern 1416 gegründeten Bündnisses, als ihm sein niederbayerischer Landesherr törringsche Ehrenämter vorenthielt. Wilder Bruderkrieg durchtobte Bayern. Der Unmut des Herzogs wandte sich besonders gegen den Törringer. Er belagerte im Juni 1421 seine Burg und zerstörte sie. Kaspar Törringer wandte sich in seiner Not an Kaiser Sigismund. Nach einem zehnjährigen Streit starb Törringer 1430 im Schloss Pertenstein. Sein Sohn Georg Törringer versöhnte sich zwar wieder 1434 mit dem Herzog, aber er durfte sein Stammschloss Törring nicht mehr aufbauen. Aus dessen Steinen soll Seifried Törringer St. Koloman erbaut haben - in Ermangelung der Burg durchaus ein wegen der spätgotischen Altarausstattung des Gordian Guckh einzigartiger Ersatz.

In dem einsamen Tal hinter *Tengling* bei der Kirche Burg hatten die Tenglinger ihren Sitz. Schon um 970 ist ein Graf Warmud von „Tengilingun" erwähnt. Bald nachher erscheinen die Sighardinger auf Tengling, vor allem Friedrich I., Bruder des Patriarchen Sighart von Aquilea und eigentlicher Begründer der Tenglinger Linie. Von seinem Sohn Friedrich II. leiten sich die Grafen von Tengling-Peilstein und von seinem zweiten Sohn Sighart die von Burghausen-Schala ab. Später vergab das Erzstift Salzburg die Kirche Burg und Hofmark Tengling den Törringern als Lehen. So kamen letztere auch allmählich in den Besitz von Tengling.

22. Plain

Über dem Dorf Großgmain, im Schutz der Nordhänge des Untersbergs, steht heute noch eindrucksvoll die Burgruine Plain. Heute zwar Salzburgischer Bereich, hatten die Plainer ehedem weit in das Land westlich der Salzach ihre Grafen- und Vogteirechte ausgeübt. Plainische Gerichte waren u. a. Raschenberg bei Teisendorf, Tettelham, Halmberg und Staufeneck, Großgmain, Kuchel und Glaneck. Später bekamen die Plainer noch durch das Aussterben der Peilsteiner eine Vergrößerung ihrer Besitzungen im Österreichischen Gebiet (Hardegg, Peilnstein, Ybbs). Anfänge dieses Geschlechts vermutet man in jenem Weriant, der 928 dem Aribonen Erzbischof Odalbert in Karnburg/Kärnten Besitzungen im Ennstal übergab. Aus dieser Verwandtschaft kann auch jener Richter stammen, dessen Sohn Wernher auf der väterlichen Stammburg das Kloster Reichersberg a. Inn 1084 gründete. Wernher hatte einen Bruder Aribo, der im steirerischen Murtal begütert war. Dort stiftete auch der Seeoner Aribo reichen Besitz für die Gründung von Klöstern. Nach Hundts „Stammenbuch" wären jener Richter und Wernher Plainer Grafen gewesen. Um 1000 ist ein weiterer Weriant bekannt, der mit der Ebersbergerin Uuillipirch verheiratet, Vogt von St. Peter war. 1129 tritt der erste, geschichtlich sichere Graf von Plain auf, wiederum ein Weriant oder Werigand, der mit Zustimmung seines Sohnes Liutold I. seine Güter zu Werdie (Höglwörth) und Umgebung, sowie auch Weinberge dem Salzburger Domkapitel übergab, sodass Erzbischof Konrad I. 1125 hier ein Augustinerchorherrenstift gründen konnte. Mit Recht konnte später Graf Liutold IV. deshalb seine Vorfahren als die eigentlichen Klostergründer nenne. Liutold II. heiratete die Burghauser Gräfin Ita. Dadurch traten die Plainer ihr österreichisches Erbe an und bekamen die Vogtei über Michaelbeuern. Liutold III. starb 1219 auf dem Kreuzzug und wurde in Höglwörth beigesetzt. Mit Liutold IV. stirbt 1249 das Geschlecht aus. Seine Schwester Hedwig hatte sich mit Heinrich von Schaumberg verheiratet. Vorausgegangen war aber 1228 bereits der Verlust der Salzburgischen Gerichte an das Hochstift.

23. Die Aribonen auf Seeon

Zu den untergegangenen Burgen zählen auch die frühen Sitze der Chiemgaugrafen aus dem Aribonenhaus, speziell Seeon. Im Jahre 994 gründete hier der bayerische Pfalzgraf Aribo als Freund der benediktinischen Reform, die vom lothringischen Gorze ausging und durch Wolfgang von Regensburg nach Altbayern gebracht wurde, auf seiner Stammburg Burgili - Seeon - ein Reformkloster, das er mit Mönchen aus St. Emmeram besetzte. Er stattete seine Gründung mit reichem Grundbesitz aus. Mit Recht sehen wir sein Hochgrab, geschaffen von Hans Haider in der Seeoner Klosterkirche, als würdigen Ausdruck der Größe dieses untergegangenen Geschlechts. Die Aribonen leiten sich ab von jenem Markgrafen Aribo, der um 900 in Kärnten begütert war. Sein Sohn Chadaloh hatte Besitz im Inntal, Isen- und Salzburggau; er war der Vater des Seeoner Klostergründers. Die Aribonen lassen sich aber noch weiter zurückverfolgen: Markgraf Aribo leitete sich nämlich ab von jenem Aribo, der mit Regino und Milo aus der Huosi-Faganasippe stammte und im Raum westlich von Freising begütert war. In einer Aufzeichnung um 800 werden diese Drei „bedeutende Persönlichkeiten Bayerns" genannt. Außer dem bayerischen Pfalzgrafenamt hatten die Aribonen die Grafschaften an der Isen, um den Chiemsee und am unteren Inn. Ihre umfassenden Güter verwendeten sie zu bedeutenden Klostergründungen: Seeon (994), St. Georgen am Längssee (ca. 1003), Millstatt (ca. 1070/88), Göß in der Steiermark (999), Sonneburg im Pustertal (ca. 1030). Sie stellten eine Reihe von Erzbischöfen und Bischöfen für Salzburg, Mainz, Magdeburg, Köln und Brixen. Der Freisinger Zweig dieses Geschlechts steht als Vögte in engster Beziehung zum Domstift. Die Familiengruft lag innerhalb des Klosterbereiches von Seeon. Aribo und Botho, die Enkel des großen Pfalzgrafen, waren in die Empörung des Bayernherzogs Konrad gegen Kaiser Heinrich II. 1102 verwickelt. Sie verloren Würden und Ämter. Dieser letzte Aribo erscheint noch als Graf von Haigermoos an der Salzach, während Botho nach Franken ging und dort der Gründer von Bothenstein wurde.

24. Die Sighardinger auf Baumburg

Name und Klostersiegel von Baumburg verraten, dass es sich um einen burgähnlichen Sitz handelte. Marquart von Marquartstein trug bei seinem schnellen Tod seiner Gattin Adelheid auf, ein Kloster auf seinem ererbten Stammsitz Baumburg zu gründen. So hatte es schon sein (Groß-)Vater Sighart vor. Noch kann man in der Eingangshalle der Klosterkirche die Deckplatte von Adelheids Hochgrab sehen: In mütterlicher Gestalt, mit bajuwarisch festem Gesichtsausdruck, trägt sie das Modell der Kirche; ferner die Grabplatte mit den Namen ihrer drei Männer (Marquart, Ulrich, Berengar). Mit ihrem ersten Mann stand Adelheid im Geschlecht der Sighardinger, das mit und nach den Aribonen so bedeutende Chiemgaugeschlecht. Man darf es nicht übersehen, auch wenn ihre Burgen und Namen längst vergessen sind. Ein Sighart I., (†908), wird mit Markgraf Aribo und einem Graf Irinc sehr oft zusammen genannt. Diese Drei gehörten zum einflussreichsten Kreis um König Arnulf. Sighart war reich begütert in der Erdinger Gegend an der Sampt. Zusammen mit seiner Frau Gottina soll er 908 im Freisinger Dom begraben worden sein. Von ihm leiten sich die Ebersberger und Sighardinger ab, indem sein Sohn Ratold (†919) die ersteren (berühmte Namen sind Adalbero I. und Ulrich I., der Gründer von Ebersberg) und Sighart II. die Linie der Sighardinger begründete, die in den Isen-, Chiem- und Salzburggau kamen. Unter diesen wurden bedeutend Erzbischof Friedrich von Salzburg (958-991), Graf Sighard und Pilhilde, die Stammeltern der Tenglinger und Graf Sighart mit Judit, die Stifter von Baumburg, mit ihren Söhnen: Engelbert wurde zum Stammvater der Wasserburger und gründete Attel und Altenhohenau; Sighard war Markgraf von Cham im Nordgau; Marquart mit Adelheid von Mögling gründete Marquartstein; Meginhard und Siboto wohnten auf Tettelham und Surberg; Sigebold machte die Geschichte zum Stammvater der Trauner.

Nach den Sighardingern „regierten" die Spanheimer, Wasserburger und Plainer zwischen Inn und Salzach.

25. Die Laiminger und Truchtlachinger

Unterhalb von Altenhohenau am Inn hatte das Geschlecht der Laiminger seinen Stammsitz. Ortholf und Seifrid verkauften aber Laiming 1347 an das Dominikanerinnenkloster Altenhohenau; es lebte dann nur mehr als klösterliche Hofmark weiter bis zur Säkularisation. Die Laiminger aber als ursprüngliche Wasserburger Ministerialen behaupteten sich auch noch beim Untergang der alten Dynastien so stark, dass sie umfangreiche Hofmarken in Südbayern hatten, bedeutende Ehefrauen geheiratet und hohe Ämter in Regensburg und im herzoglichen Bayern bekleideten. Zwischen Inn und Salzach muss man diesem Geschlecht überall dorthin nachgehen, wo ihre Grabsteine stehen und die verschiedenen Zweige hausten. So die Linie der Ameranger (1329-1497) und die Forchtenegger (1342-1577); sie hatten „ihr Stift und Gräbnis zu Halfing, welche die recht Pfarr gegen Vorchteneck und Amerang" (Hundt). Einer der letzten dieser Linie war Jörg Ameranger, Pfleger zu Rosenheim. Sein Grabstein (✝1476) im Ameranger Chorraum mit den knienden Ehepaar und dem Schmerzensmann, der seine Herzenswunde zeigt, ist beste südbayerische Grabsteinplastik und war die Deckplatte eines früheren Hochgrabes. Die Linie der Ahamer und Tegernbacher hatten „ihr Begräbnis und Stift im Kloster Seeon, daselbst eine sonder schön Kapelle, etliche Stein, der älteste Stein liegt vor der Kapelle im Kreuzgang" (Hundt). Es war die so genannte Laimingerkapelle, erbaut 1392-1400. Erasmus Laiminger auf Amerang hatte nämlich die große Hofmark Wasentegernbach bei Dorfen und Aham an der Vils gekauft. Zeitweilig hatten die Laiminger auch die Vogtei von Seeon inne. Erasmus hatte fünf Söhne, darunter Leonhard, Bischof von Passau. Jörgs Sohn Christoph bekleidete das niederbayerische Vizedomamt. Seine einzige Tochter Margarethe heiratete den Hans von der Leiter, den folgenden Besitzer von Amerang. Die Letzten des Geschlechts bekannten sich zur reformatorischen Lehre und wanderten nach Würtemberg aus, wo sie hohe Staatsämter bekleideten.
Unter den Geschlechtern mit altem Sitz sollte man auch die von *Truchtlaching* nicht vergessen.

V. KLÖSTER UND STIFTE ZWISCHEN INN UND SALZACH[37]

Im Land zwischen Inn und Salzach zählte man bis zur Säkularisation zweiunddreißig Klöster und Stifte. Am häufigsten waren Augustinerchorherren und Benediktiner vertreten. Dazu kam eine Anzahl von Kollegiatstiften für Weltgeistliche, Niederlassungen der Kapuziner und einige klösterliche Institute für Mädchenerziehung. Zwar machte die Säkularisation dem monastischen Leben ein vorübergehendes Ende, aber heute sind wieder zwanzig Klöster und Stifte besetzt.

1. Au am Inn

38

Au am Inn war ursprünglich aribonischer Besitz; 1025 erhielten der Isengaugraf Chadalhoh und seine Gemahlin Irmingard den Hof mit den dazugehörenden Bauernschaften auf Lebenszeit; im nahen Pürten sind an der Kirchenmauer noch die Bildnisse der beiden zu sehen. Erzbischof Konrad I. gründete in Au ein Chorherrenstift, das Graf Kuno von Mögling reich begüterte. Mit dem Bau der romanischen Klosterkirche begann man nach 1120. Die aus Altötting stammenden und 907 vor den Ungarn nach Stampfl geretteten Reliquien der hl. Felicitas und ihres Sohnes Vitalis wurden darin aufbewahrt. Die als dreischiffige Basilika mit stark ausgeprägter Westpartie angelegte Kirche, nach einem Brand gotisiert und mit wertvollen Grabdenkmälern der Pröpste ausgestattet, wurde von Domenico Zuccalli von 1687 an als Wandpfeilerkirche mit durchlaufenden Emporen über den Seitenkapellen neu gebaut. Außer dem Stuck mit seinen Akanthusranken und den Fresken von 1717 verdienen die Schnitzereien der Stuhlwangen, das Grabmal der Gräfin M. Th. von Toerring-Jettenbach und die vielen Propstdenkmäler besondere Beachtung. Darüber hinaus ließ Au auch seine ihm anvertrauten Pfarr- und Filialkirchen hervorragend ausschmücken, besonders die Kirche zu Pürten mit ihrem Rokokostuck. Die Klostergebäude sind um drei Höfe gruppiert; im Bibliothekssaal befinden sich Fresken mit Darstellungen aus dem Leben des hl. Augustinus. Bei der Säkularisation gingen sie in Privatbesitz über, 1854 übernahmen die Dillinger Franziskanerinnen den ganzen Komplex, der heute Mutterhaus und Noviziat dieser Kongregation sowie eine Sonderschule mit Heim beherbergt. Die Kirche, nach einem Brand (7. August 1969) renoviert, ist heute Pfarrkirche.

2. Gars am Inn

39

Nach dem Güterverzeichnis des Erzbischofs Arno vom Jahre 790 übergab Herzog Tassilo „die Zelle Garoz über dem Innufer im Isengau, die der Priester Boso mit seiner Erlaubnis zu Ehren der Apostel Petrus und Paulus gebaut hatte, zusammen mit diesem Priester dem Kloster St. Peter in Salzburg". Das war um das Jahr 764. Um 807 wird Gars ausdrücklich als Kloster, wohl der Benediktiner oder Säkularkanoniker, bezeichnet. Schon früh gehörte eine Anzahl der umliegenden Kirchen dazu. Im Jahre 907 stürmten es die Ungarn. Das Klostergut gab Erzbischof Odalbert an Frau Rihni und deren Tochter auf Lebenszeit. Mit Hilfe der vorzüglichen Pröpste Gerloh von Reichersberg und Hartmann von Chiemsee erstand Gars um 1130 durch Erzbischof Konrad I. von Salzburg als lebenskräftiges Augustinerchorherrenstift und bestand bis zur Säkularisation 1803. Der jeweilige Propst übte auch das Amt eines Archidiakons aus und hatte dadurch an die 60 Pfarreien im Isengau zu betreuen. Bedeutende Geschlechter wie die Fraunberger auf Haag und Hohenburg, die Magensreiter auf Teysing, die Edlen von Pernpeckh auf Hampersberg am Inn und die Ebenstetter standen dem Kloster durch Bestiftung und Grablege nahe. Die um 1130 erbaute dreischiffige romanische Basilika mit Krypta wurde im 15. Jahrhundert gotisiert. Nach dem Schwedeneinfall im Dreißigjährigen Krieg ließ Propst Athanasius Peitlhauser durch die aus Roveredo in Graubünden stammenden Barockmeister Caspar und Domenico Zucalli die Kirche und Klosteranlage neu bauen, ebenso die Felixkapelle für die aus Rom im Jahre 1671 erhaltenen Reliquien und die Pfarrkirche St. Peter (1696) im Ort. Das Rauminnere der Klosterkirche wird beherrscht vom frühbarocken Hochaltar mit vier gewundenen Säulen und dem Altarblatt der Himmelfahrt Mariens von Hofmaler Karl Pfleger.

Die Säkularisation bedeutete auch für die Garser Chorherren ein beinahe fluchtartiges Verlassen ihres Klosters. Erst 1858, endgültig aber 1894 übernahmen die Redemptoristen das ehemalige Kloster und unterhalten heute in einem Neubau von 1899 ein staatliches Gymnasium mit Schülerheim und ein Lehrlingsheim mit Werkstätten. So blüht auch im Kloster Gars wieder neues Leben.

3. Mühldorf am Inn

40

Seit wann der um am 16. Mai 935 erstmals urkundlich erwähnte, zum Erzstift Salzburg gehörende Ort Mühldorf („Mulidorf") eine Kirche besaß, ist nicht festzustellen. Doch werden bereits 1214 ein Pfarrer Chunrad und 1251 die Nikolaikirche genannt. Ob sie von Anfang an St. Nikolaus geweiht war, kann in Frage gestellt werden, da die Verehrung dieses Heiligen in Deutschland erst nach Theophanu, Gattin Kaiser Ottos II. (✝991), gefördert wurde und nach der Überführung seiner Reliquien nach Bari in Süditalien (1087) ihre erste Hochblüte erfuhr. 1285 wurde die Nikolauskirche beim Stadtbrand zerstört: vom Neubau, mit dem bald begonnen wurde, steht heute noch der massive spätromanische Turm. Durch die Errichtung eines spätgotischen Chores und zweier Seitenkapellen - St. Anna und St. Andreas geweiht - entstand eine typisch mittelalterliche Kirche, beschützt durch eine starke Stadtbefestigung und überdies hervorgehoben durch mehrere Synoden der salzburgischen Kirchenprovinz. Im Jahre 1610 entstand der Plan, innerhalb der Stadtmauern eine

Reichsabtei zu gründen; Erzbischof Wolf Dietrich errichtete aber an der Stadtpfarrkirche ein kleines Kollegiatstift mit einem Dechanten und sieben Chorherren. Dem Stift wurden die Pfarrkirchen Altmühldorf, Flossing und Erharting angegliedert - sie profitierten von dieser Verbindung: So ließ Kanonikus Achazius 1683 die barocke Wallfahrtskirche Ecksberg und 1699 die Maria-Eich-Kapelle bauen; Dechant Wolfgang Summerer regte zum Neubau der recht beachtlichen Erhartinger Pfarrkirche an und ließ die Flossinger Kirche ausmalen. Da 1768 bei Umbauarbeiten der Mittelteil der Nikolauskirche eingestürzt war, ließ Summerer 1769-1775 durch den Trostberger Baumeister Franz Alois Mayr einen weiträumigen einschiffigen Neubau errichten; die Deckenfresken mit Szenen aus dem Leben des Kirchenpatrons malte 1771/72 der Münchner Martin Heigl, den marmornen Hochaltar lieferte 1774 der Salzburger Johann Högler. Der vollendeten Stiftskirche kam 1782 die Ehre des Besuchs von Papst Pius VI. zuteil; es war das letzte große Ereignis des Stiftes vor der Säkularisation. Von den früheren Stiftsgebäuden ist nur noch der burgartige Pfarrhof im Besitz der Stadtpfarrei.

4. St. Veit bei Neumarkt im Rottal

41

Zum Einflussbereich der Klöster zwischen Inn und Salzach gehört auch St. Veit bei Neumarkt an der Rott. Als Erzbischof Konrad I. von Salzburg nach dem Investiturstreit (1122 beendet) sein Bistum kirchlich-religiös durchorganisierte, förderte er neben dem regulierten Augustinerchorherren- auch den Benediktinerorden. Damals saßen die Brüder Dietmar und Wolfram auf Dornberg bei Mühldorf und ihre Ministerialen waren zahlreich im Land nördlich von Dornberg. Die Brüder gehörten zum aribonischen Nebenzweig. Dietmar II., der sich „von Dornberg und Lungau" nannte, gründete 1121 das Benediktinerstift Elsenbach nördlich St. Veit und schenkte dazu viel Land im Umkreis des neuen Klosters und auch die Kirche in Ranten (Steiermark). Die ersten Konventualen mit dem Abt kamen aus St. Peter in Salzburg. Da am Gründungsort wenig Wasser war, verlegte Erzbischof Adalbert die Niederlassung 1171 an die heutige Stelle, auf den St. Veits-Berg. Der vom Landesherrn begründete Markt wurde hinunter ins Tal verlegt und nun „Neumarkt" genannt. Der Kirchenbau war nach üblichem Schema dreischiffig und querschifflos angelegt. Im 14. Jahrhundert baute man den gotischen Chor, im 15. Jahrhundert wurde das Kirchenschiff zur zweischiffigen Halle umgebaut. Johann M. Fischer machte schließlich 1765 den Entwurf der barocken Zwiebelhaube für den Westturm. Schwere Jahre waren 1634 durch die Pest, 1639 durch einen großen Brand und 1648 durch die Schwedengefahr. Doch schon 1661 konnte der neue Hochaltar aus prächtigem verschiedenfarbigem Marmor aufgestellt werden. Johann Nepomuk della Croce malte dazu das Altarblatt. Von den Klostergebäuden, die im Jahre 1802 in den Besitz des kurfürstlichen Damenstiftes zu München übergegangen waren, ist noch der gotische Kreuzgang fast unverändert erhalten. Jetzt befinden sich die Gebäude, die oft umgestaltet wurden, wieder in kirchlichem Besitz und werden als Altenheim verwendet; ebenso die Ökonomie, die bereits im 18. Jahrhundert mustergültig geführt wurde. Auch heute gewinnt man noch von dieser alten Klosterstätte, die einst der nördlichste benediktinische Posten im Fürsterzbistum Salzburg war, einen guten Einblick in das von der Landwirtschaft bestimmte schöne Rottal.

5. *Altötting*

Herzog Tassilo von Bayern hatte um 750 in Ötting einen Gutshof, der 788 karolingische Königspfalz wurde. König Karlmann gründete 876 in Ötting ein Chorherrenstift, für dessen Stiftskirche er aus Rom eine Armreliquie des Apostels Philippus mitbrachte und in deren Chormitte er seine letzte Ruhestätte fand. Diesem Stift waren die Abtei Mattsee und die benachbarte Taufkapelle (Gnadenkapelle) angegliedert. 907 kam das Öttinger Stift als Eigentum an das Passauer Domstift, doch Kaiserin Kunigunde schenkte es als ihr Witwengut nach Salzburg. Schließlich wurde es 1180 wittelsbachischer Besitz und - im Gegensatz zu dem eben entstandenen Neuötting - „Altötting" genannt. Das Stift wurde durch Ludwig den Kelheimer 1228/31 neu gegründet und mit den Gütern der ehemaligen Pfalz reich dotiert. So konnte es sofort seine dreischiffige romanische Basilika mit zwei Westtürmen und einem dazwischen liegenden Westwerk bauen. Jörg Perger aus Burghausen errichtete 1499 eine dreischiffige spätgotische Hallenkirche, die im Gegensatz zu den Kirchen des

Meisters Hans von Burghausen niedriger gehalten und von den Vorstellungen Stephan Krumenauers beeinflusst ist. Der klassizistische Hochaltar (1797-1802) ist ein Werk des Salzburgers Josef Doppler. An den beachtenswerten Seitenaltären arbeiteten Josef Hauber, Christian Jorhan, Michael Matthäo und Johann Zick. Wertvoll sind die geschnitzten Reliefs der beiden Seitentüren (1513-1519), die Grabsteine im Kircheninneren und in dem südlich angebauten Kreuzgang, der durch die darin entsprechend eingebaute Siebenschmerzenkapelle, die Peters- oder Tillykapelle und die Sebastianikapelle von Domenico Zuccalli - die heutige Gruftkapelle der Stiftskanoniker - eine besondere architektonische Bereicherung erfährt.

42

Als im 17. Jahrhundert die Zahl der Kanoniker auf 24 erhöht wurde, baute man zu der an der Westfassade der Stiftskirche stehenden repräsentativen Propstei mit einfacher Rokokofassade im weiten Umkreis des Kapellplatzes neue Wohnungen. Das 1803 aufgehobene Stift wurde 1930 als Rupertusstift wiedererrichtet; nun ist es mit emeritierten Priestern und einem infulierten Propst besetzt, der zugleich der Stadtpfarrer von Altötting ist.

Während der Glaubenswirren im 16. Jahrhundert wurden zu den ersten Hoffnungen einer sich erneuernden Kirche jene Reformversuche, die der Jesuitenorden mit der neuen Art der „Geistlichen Übungen" (Exerzitien) ins Land brachte. Auf dem Regensburger Reichstag 1541 betraten die Jesuiten erstmals bayerischen Boden. Herzog Wilhelm V. verehrte die Altöttinger Gnadenmutter und drängte die Patres, in den aufblühenden Wallfahrtsort zu kommen. Zu Weihnachten 1591 trafen die ersten Patres der Gesellschaft Jesu in Altötting ein. Schon im kommenden Sommer nahm die Wallfahrt unter dem Wirken des neuen Ordens einen gewaltigen Aufschwung. 1593 baute ihnen der Herzog ein Haus und die erste Kirche zu Ehren der heiligen Magdalena, der Patronin aller, die zu Gott umkehren wollen.

43

Mit zunehmender Wallfahrt errichteten die Jesuiten 1696 neben der Kirche einen dreigeschossigen Saalbau zur Aufbewahrung der liturgischen Geräte und für die Gründung einer Bibliothek, besonders aber als Versammlungs-(Kongregations-)Saal. Letzterer erhielt eine schöne barocke Stuckatur, die leider der Renovierung im 19. Jahrhundert zum Opfer fiel. Den Plan einer größeren Kirche machte der Ordensbruder Thomas Troyer; die neue Kirche war 1698 fertig. Ihr saalartiger Charakter mit vier Jochen und Seitennischen mit darüber sich hinziehenden Emporen macht einen weiten, lichterfüllten Eindruck. Der stark plastisch ausgeführte und von Muschelmotiven beherrschte Stuck verweist auf italienische Vorbilder, ähnlich der Münchner Theatinerkirche. Der Hochaltar ist ein klassizistisches Werk des Salzburgers Josef Doppler. Mit der Aufhebung des Ordens (1773) verließen die Jesuiten das Magdalenenkloster, und die Malteser bezogen 1782 Kirche und Stift. Noch heute sieht man deshalb im Auszug des Hochaltars das Malteserkreuz. Von 1841-1878 waren die Redemptoristen im Kloster; dann kamen die Kapuziner. 1627 gründete der Altöttinger Zweig des Jesuitenordens in Burghausen eine Niederlassung und erbaute dort die Josefskirche, das Kolleg und das Gymnasium. Die Kirche brannte 1863 innen aus, die Außenfassade blieb erhalten. Das Kolleg dient jetzt als Schule, seine Aula häufig auch als Konzertsaal.
Im Gegensatz zur intensiven Bildungsarbeit der Jesuiten an den höheren Schulen wollten im 17. und 18. Jahrhundert die Kapuziner mehr „zu den Herzen des schlichten Bauern und armen Mannes vordringen" (Bauerreiß). Ihr schlichtes Ordenskleid mit einer langen Kapuze und ihr Vollbart wurden zu äußeren Zeichen ihrer fleißigen Predigertätigkeit. Mit auch nach außen getragenem Ernst und strenger Askese, wofür an den Pforten ihrer Klöster das Kreuz Christi und die anderen Leidenswerkzeuge beredten Ausdruck gaben, widmeten sie sich den unmittelbaren Seelsorgebedürfnissen. Das alles stand bewusst im Gegensatz zur Prachtentfaltung barocker Fürstenhöfe und Prälatenorden. Die Herzöge Wilhelm V. und Maximilian I. förderten die Kapuziner. Um 1600 kamen die ersten nach München. 1606 trafen sie in Rosenheim ein, 1624 wurde in Wasserburg eine Niederlassung gegründet (bis 1802), 1640 in Mühldorf (bis 1803, nach 1882 Franziskaner), 1654 in Burghausen, 1656 in Laufen, (bis 1992) und 1685 in Traunstein (bis 1805). Ihre Kirchen waren oft sehr einfach gestaltet und standen bzw. stehen außerhalb der Stadtumwallung, weil innerhalb der baulich bereits abgeschlossenen Städte meist kein Platz mehr für sie war.

Der Stammorden der Franziskaner hatte sich 1654 in Altötting, 1699 in Berchtesgaden und 1715 in Neuötting niedergelassen. Ihre in der Säkularisation aufgehobenen Klöster wurden meist später wieder eröffnet.

Das Franziskanerkloster St. Anna in Altötting, zu Ehren der Kurfürstin Maria-Anna so benannt, wurde 1802 vom Staat zu einem Aussterbekloster (Zentralkloster) für die Kapuziner bestimmt, während die bisherigen Franziskaner in andere Aussterbeklöster verwiesen wurden. Als im deutschen Kulturkampf 1873 die Redemptoristen St. Magdalena verlassen mussten, übernahmen 1874 die Kapuziner auch dieses Kloster und mit ihm die Wallfahrtskustodie. Bedeutend wurde für St. Anna der Aufenthalt des hier vierzig Jahre lang als Klosterpförtner wirkenden Bauernsohnes Johann Birndorfer aus Parzham, der unter seinem Ordensnamen „Bruder Konrad" weltbekannt wurde. Sein Reliquienschrein in der jetzigen Bruder-Konrad-Kirche - auch das Kloster ist seit 1961 nach ihm benannt - ist nach der Gnadenkapelle alljährlich Ziel von einer Million Pilgern.

44

6. Burghausen

45

Die junge adelige Engländerin Maria Ward errichtete 1609 mit fünf englischen Gefährtinnen in St. Omer (Nordfrankreich) eine religiöse Vereinigung für Unterricht und Erziehung der weiblichen Jugend. Dazu wurde sie vor allem durch die neue Art der Jesuiten angeregt: Öffnung der Klausur, Verzicht auf auffallende Ordenstracht und auf gemeinsames Chorgebet. 1626 kam Maria Ward auf ihrer Rückreise von Rom durch München zu Herzog Maximilian. Dieser übergab ihr als Wohnung und Schule das „Paradeiserhaus" in der Weinstraße hinter dem Rathaus. Nach anfänglichen Schwierigkeiten setzte sich die tapfere Frau durch, wobei der bayerische Landesfürst ihre Tätigkeit besonders förderte. „Maria Wards Werk war ein Durchbruch fraulicher Energie innerhalb der Kirche mit modernen Forderungen" (Bauerreiß). Es folgten Neugründungen in Augsburg (1662), Burghausen (1683), Mindelheim (1701), Altötting (1721), Bamberg (1727), Aschaffenburg (1748) und Günzburg (1758). Die Anfänge in Burghausen waren armselig; aber bald konnten die Schwestern ihr Haus vergrößern und eine öffentliche Kapelle zu Ehren der hl. Schutzengel errichten. Die jetzige Schutzengelkirche erbaute der Trostberger Maurermeister Johann Martin Pöllner 1731 bis 1733. Die Kirche ist mit guten Stuckaturen und einem Deckengemälde mit der „Anbetung der Heiligen Drei Könige" von Innozenz Waräthi ausgestattet. Das Hochaltarbild malte Peter Anton Lorenzoni. Die Schutzengelgruppe an der Westfassade stammt vom Burghauser Bildhauer Johann Georg Lindt. Weil das Institut für die Mädchen der Stadt und Umgebung nützlich erschien, wurde das Kloster in der Säkularisation erst 1816 aufgehoben, nachdem es ursprünglich als Zentralkloster für die aufgelösten Häuser des Ordens bestimmt war. Aber schon 1826 wurde es durch König Ludwig I. wieder eröffnet.

Die Niederlassung der Englischen Fräulein in Altötting (seit 1721) wurde besonders lebensfähig gemacht durch den Erwerb der Josefsburg (1835) und des Landgutes Marienfeld (1849). Die zum Institut gehörige Josefskirche mit ihrem zierlichen Rokokostuck ist eine Sehenswürdigkeit. Das Institut ist noch heute eine begehrte Erziehungsstätte.

7. Raitenhaslach

46

Südlich von Burghausen arbeitet sich die Salzach in mehreren Windungen durch den Weilhartforst hindurch und hat ein landschaftlich herrliches Idyll geschaffen. Mitten in dieser alten Burghauser Grafschaft, noch im Einflussbereich des bayerischen Herzogs, hart an der salzburgischen Grenze nördlich von Tittmoning, erfolgte am 5. Juni 1146 die Gründung der Zisterzienserabtei Raitenhaslach, die zuerst durch Wolfer von Tegernwang 1143 bei Schützing an der unteren Alz entstehen sollte. Beinahe das gesamte umliegende Land und Besitzungen bei Mühldorf und Traunstein machten das Kloster lebens- und kulturfähig. Das romanische Münster wurde 1186 vollendet. An seiner Südseite standen drei Innenhöfe und gegen Westen das weite Geviert der Wirtschaftsgebäude mit der für Zisterzienser so charakteristischen Pfortenkapelle Sankt Georg. Zum 600-Jahr-Ordensjubiläum wurde 1694-1698 die Kirche vom Maurermeister Josef Vilzkotter aus der Braunauer Gegend umgebaut und statt des bisherigen Dachreiters an der Nordseite des Chores ein Glockenturm errichtet. Im Gegensatz zum einfachen Äußeren überrascht das Innere. Namhafte Künstler beteiligten sich an der Dekoration, welche „eine manchmal ans Tropische grenzende Üppigkeit, einen Überschwang des Ornaments und der Farbe" zeigt (Krausen). Die Deckengemälde von Johann Zick aus Ottobeuren (1738/39) veranschaulichen das Leben des Ordensheiligen Bernhard von Clairvaux. Die Bilder von vier Seitenaltären malte der Laufener Johann Michael Rottmayr. Überaus fein abgestimmt ist der Rokokostuck von M. Zick und Johann Baptist Zimmermann. Höhepunkt ist der Altarraum, dessen Vorhang (Hartholz!) - von Putten auseinander gezogen - den Blick freigeben will für das göttliche Mysterium der Liturgie. Über 70 Grabsteine stehen an den Wänden und im Rest des Kreuzganges. Von dem am 1.4.1803 säkularisierten Kloster wurden Bibliothek, Refektorium und der Mathematische Turm abgerissen; andere Teile dienen heute als Pfarrhof und Schule oder sind Privatbesitz. Die aus dem böhmischen Kloster Ossegg vertriebenen Zisterzienser versuchten 1948 eine Wiederbelebung von Raitenhaslach, jedoch ohne Erfolg.

8. Tittmoning

47

Schon Herzog Theodebert hatte nach 700 zuerst vierundzwanzig, später nochmals sechzig Anwesen in Tittmoning dem Erzstift Salzburg übergeben. Nordwestlich der Stadt hatte überdies das Kloster Nonnberg einen bedeutenden Güterkomplex (Nonnreit). Bereits 1189 wurde die Pfarrei, deren Sitz zuerst in Kirchheim war, dann nach Tittmoning verlegt wurde, patronatsmäßig den Benediktinerinnen übergeben. Durch die Erhartinger Verträge (1254 und 1275) zur Grenzstadt geworden, wurde Tittmoning im 14. Jahrhundert Sitz eines salzburgischen Pfleggerichts und wegen der Grenznähe wiederholt in Auseinandersetzungen mit Bayern hineingezogen. Deshalb wurde seine Burg zur Grenzveste ausgebaut. Der Stadtentwicklung entsprechend, baute man eine neue große Kirche. An ihr errichtete Erzbischof Paris Lodron 1633 ein Kollegiatstift mit einem Dekan und sechs Kanonikern. Das neue Stift musste für die Einrichtung seiner Stiftskirche viel leisten: 1668 neuer Hochaltar, 1682 Stuckierung und

Chorgitter, 1694-1696 neue Seitenaltäre mit Bildern von Johann Michael Rottmayr, 1695 neuer Josefsaltar durch Meinrad Guggenbichler, 1697 Heilig-Kreuz-Kapelle durch Johann Pattinger und neuer Marienaltar, auch „Marienwunderbaumaltar" genannt. Gleichzeitig bemühte sich das Stift um die im Westen der Stadt liegende Wallfahrtskirche Maria-Ponlach. In der Zeit des Rokoko wollte man wenigstens die Altäre dem neuen Kunstgeschmack angleichen; Paul Troger malte neue Blätter. Die Säkularisation (1803) berührte Tittmoning als salzburgisches Land nicht. Dafür aber brannte 1815 die Kirche gänzlich ab. Nachher holte man sich aus säkularisierten Kirchen das Notwendigste: das Pflaster aus der abgerissenen Klosterbibliothek von Raitenhaslach und die Orgel aus der profanierten Domkirche von Herrenchiemsee. Den neuen imposanten Säulenaufbau des Hochaltars schuf Michael Josef Schweiger aus Stadtamhof. Die frühere Stiftskirche dient heute als Pfarrkirche und überragt die schöne Stadt.

In Tittmoning gab es von 1682 bis 1803 auch eine Niederlassung der Augustinereremiten, deren Allerheiligenkirche - von 1681 bis 1683 erbaut - ein noch gut erhaltener weiträumiger Saalbau mit einer ausgezeichneten Innenausstattung ist.

9. Laufen

48

Das „Castellum ad Louffi" gehörte bereits Mitte des 8. Jahrhunderts zum Besitz der Salzburger Kirche. Um 1050 wurde Laufen als „urbs", größerer Ort, bezeichnet. Im 12. Jahrhundert wurden in seinen Mauern drei salzburgische Synoden und 1166 ein kaiserlicher Hof- und Gerichtstag gehalten. Die Stadt hatte sich durch den Salzhandel enorm entwickelt und zählte zu den sieben Städten des Salzburger Hochstiftslandes. 1403 erhielt Laufen das Marktrecht, 1604 wurde es Sitz des gleichnamigen salzburgischen Pfleggerichts. Im Frieden von Pressburg, 1805, fiel es zusammen mit Salzburg an Österreich, seit 1810 ist es bei Bayern.

Nach einem romanischen Bau, der nach oberitalienischen Muster ausgeführt war, wurde die jetzige Stifts- und Pfarrkirche zu Ehren Mariä Himmelfahrt um 1330 - vor allem durch die Spenden des Heinrich von Lampoting - gebaut: „Parallel zu St. Blasius in Salzburg und der Zisterzienserkirche in Neuberg/Steiermark" (Brugger-Roth) schuf man einen imposanten Hallenbau mit geradem Chorabschluss und drei gleich breiten

Schiffen. Er gilt als die älteste Hallenkirche Süddeutschlands. Die Kirche bekam neun Altäre, da bereits damals acht, später elf Priester mit der Verpflichtung zum Chorgebet hier wirkten. Schließlich wurde am 12.7.1621 ein eigenes Kollegiatstift errichtet. Mitte des 17. Jahrhunderts kamen frühbarocke Altäre in die Kirche. Den neuen Hochaltar schufen die Salzburger Hans Feigel und Jakob Gerold. Das Bild des rechten Seitenaltars, St. Rupert darstellend, malte 1691 Laufens berühmtester Sohn: Johann Michael Rottmeyr. In der Stiftskirche, 1960-1964 stillvoll renoviert, sind noch Tafelbilder aus der Zeit um 1467 zu sehen. Vor 1500 wurde der südliche und 1625 der nördliche Teil des Dechanthofes gebaut. 1660 gründete Dechant Georg Paris Ciurletti die Wallfahrt Maria Bühel auf dem rechten Salzachufer, im heutigen österreichischen Oberndorf. 150 Jahre später, mit der Angliederung an Bayern, kam die Säkularisation des Stiftes. Eine Besonderheit der Stiftskirche ist heute noch der so genannte Kreuzgang mit zweihundert Grabsteinen aus der Zeit vom 14. bis 19. Jahrhundert und der doppelgeschossigen Michaelskapelle, auch Maria-Hilf-Kapelle genannt.

10. Berchtesgaden

Irmingard, die Tochter des Grafen Kuno, des Stiftes von Rott, gründete durch ihre Söhne Berengar von Sulzbach und Kuno von Horburg um 1100 das Stift Berchtesgaden. Als erster Propst kam Eberwin mit vier Chorherren und vier Laienbrüdern aus Rottenbuch, sie verließen aber Berchtesgaden wegen der unwirtlichen Gegend und gingen nach Baumburg. 1116 kehrten sie zurück und versuchten zum zweiten Mal die Klostergründung. In der weltabgeschiedenen herrlichen Landschaft bauten die Augustinerchorherren ihre von oberitalienischen Bauvorbildern beeinflusste dreischiffige romanische Klosterkirche zu Ehren der Heiligen Johannes des Täufers und Petrus und südlich davon die Klostergebäude mit romanischem Kreuzgang, der noch heute fast unverändert mit seinen Säulen und plastischen Formen erhalten ist. König Rudolf von Habsburg verlieh dem Stift 1294 die hohe Gerichtsbarkeit und König Wenzel 1386 die Regalien; zwei entscheidende Schritte zur Reichsfürstenwürde und damit zur Fürstpropstei. Grabsteine aus dem ausgehenden Mittelalter zeugen vom Selbstbewusstsein der damaligen Pröpste. Wiederholt zum Zankapfel zwischen Bayern und Salzburg geworden, konnte das Stift sich immer wieder beider Zugriffe erwehren. 1627 erklärte das Reichsgericht die vollständige Reichsunmittelbarkeit. Im Jahre 1669 kam mit dem neuen Hochaltar des Bartholomäus von Opstall der Barock in die Stiftskirche. Ebenso formte man die Seitenaltäre um. Beachtenswert ist hier besonders das Rosenkranzbild von Joachim Sandrart. Aber auch die Kirchen draußen im Stiftsland wurden um- oder neu gebaut: St. Bartholomä, Ramsau, Maria Gern, Kunterweg, Ettenberg und St. Leonhard. Der wieder aus dem eigenen Konvent gewählte Propst Julius Heinrich von Rehlingen schmückte 1725 das Stiftsgebäude mit schwerem Barockstuck. Der letzte Propst, Josef Conrad von Schroffenberg, zugleich Bischof von Freising und Regensburg, ließ die neue Residenz mit prächtigem Rokokostuck vom Salzburger Peter Pflauderer ausstatten. Als er am 26.2.1803 abdanken musste, kam Berchtesgaden zuerst an den Großherzog von Toscana, dann an Salzburg und 1810 an Bayern. Kronprinz Ruprecht ließ die Stiftsgebäude renovieren und richtete darin das sehenswerte Schlossmuseum ein.

Dem Beispiel und Ruf des Francesco von Assisi (1181/82-1226), in „biblischer Armut" zu leben, folgten so viele Männer, dass sich ihre klösterliche Gemeinschaft stark ausbreitete und der Orden Niederlassungen nördlich der Alpen errichten konnte. Als Bußprediger waren die Franziskaner beim Volk hochgeschätzt. Ebenso wie die Zisterzienser galten sie als „Todfeinde einer überflüssigen Kirchenzier" (Hartig), konnten sich aber im Laufe der Zeit einer künstlerischen Ausgestaltung ihrer Kirche nicht entziehen. So gewann der Orden immer mehr Kirchenbesucher, und der Armutspredigt der Franziskaner wurde Gehör geschenkt.

Im Jahre 1695 wurden die Franziskaner in Berchtesgaden erstmals erwähnt. Die Frauenkirche „Maria am Anger" stand aber damals schon. Sie wurde bereits um 1400 von Augustinerinnen, die vom Nonntal zum Anger gezogen waren, benutzt. Die Nonnen erbauten von 1488 bis 1519 die zweischiffige spätgotische Hallenkirche, die heutige „Franziskanerkirche", die damals noch am Rande der Ortssiedlung stand.

50

Im Osten der Kirche wurde durch Mauerdurchbruch 1668 eine Kapelle errichtet und eine beeindruckende Plastik „Maria im Ährenkleid" (um 1500) als Gnadenbild aufgestellt. Es ist eine Nachbildung des berühmten Gnadenbildes im Mailänder Dom. Das Kirchenschiff ist überwölbt mit einem Sterngewölbe, das auf vier schlanken kapitellosen Säulen ruht. Dieses weiträumige Kircheninnere wählte sich Fürstpropst Wolfgang Griesstätter II. (✝1567) zu seiner letzten Ruhestätte. Sein Rotmarmordenkmal, eine gute Renaissancearbeit mit einer Pietà im Hauptfeld, steht an der Nordwand. Beachtenswert ist auch das ebenfalls aus Untersberger Marmor gearbeitete Grabdenkmal (17. Jahrhundert) des Stiftskanzlers Degenhart Neuchinger an der Südseite. Weitere Epitaphe verweisen auf Wohltäter dieser Ordenskirche, die sich ihre Grablege wählen konnten. Die Franziskaner, die seit 1695 an dieser Kirche wirken, errichteten in den Jahren 1716 bis 1723 die jetzigen Klostergebäude. Bayerische Franziskaner waren hier bis zum Jahre 1987. Seit 1988 wird ein Teil des Gebäudes von einem kleinen Konvent polnischer Franziskaner benutzt. Der größere Teil des Klosters beherbergt das Alpen- und Nationalparkhaus, ein Informationszentrum.

12. Bad Reichenhall

Der Salzburger Erzbischof Konrad I. erweiterte die bereits bestehende St. Zeno-Kirche bei Reichenhall im Jahre 1136 zum Augustinerchorherrenstift. Ob die Kirche ein Gegenstück zum St. Zeno-Heiligtum in Verona sein sollte, bleibt dahingestellt. Jedenfalls wurde der hl. Zeno als Wasserpatron gegen die Gefahr der Überschwemmung - hier der Saalach, dort der Etsch - verehrt. Die Augustinerchorherren sollten bereits bei der Gründung die Seelsorge in Großmain, Kirchberg, Nonn, Marzoll und Reichenhall, später noch in Inzell, Petting, Reit im Winkl, Unken, Lofer und Kirchdorf (mit Kitzbühel und Jochberg) übernehmen. Die Klosterkirche, in riesigen Ausmaßen - 30m breit und 90m lang - in den Jahren 1136 bis 1208 zur Zeit der Hohenstaufer erbaut, ist von lombardischen Bauformen in Portalgestaltung und plastischem Schmuck beeinflusst. Nach einem Brand von 1512 wurde sie eingewölbt; 1628 kamen barocke Altäre ins Innere und das Rokoko versah alles mit sehr bewegten Formen. Das Schmuckstück des Äußeren ist sein romanisches Westportal: Seine äußeren Säulen ruhen auf liegenden Löwen; der Türsturz ist mit ornamentalem Rankenwerk verziert, im Tympanon befinden sich die thronende Muttergottes mit den Heiligen Rupertus und Zeno. Daneben in der Mauer sind zwei Reliefs eingelassen: Sündenfall und Erlösung. Vom Anfang des 16. Jahrhunderts stammen der gotische Hochaltar der Kirche, das Chorgestühl, zwei Tafelgemälde von Hans Olmdorfer, Kanzel und Taufstein. Der romanische Kreuzgang wurde im 14. Jahrhundert eingewölbt.

51

Sehenswert sind hier die Königsfigur des Friedrich Barbarossa (die „Dankbarkeit") und eine Darstellung aus dem Tierreich (die „Undankbarkeit"). Als am Vorabend der Säkularisation - 1801 - Propst B. Elixhauser starb, verhinderte die bayerische Regierung bereits eine Neuwahl. Das in Privatbesitz gelangte Klostergebäude kauften 1852 die Englischen Fräulein und richteten darin ein Mädcheninstitut ein. Durch falsch verstandene Restaurierung wurden 1866-1877 der Barockstuck der Kirche entfernt und die Barockaltäre, „ein Stück des reichen Kulturbildes der Chorherren" verbrannt. Die Renovierung 1933-1936 machte vieles gut.

13. Höglwörth

52

Man nennt Höglwörth das kleinste und ärmste aller oberbayerischen Stifte, seiner künstlerischen Bedeutung nach steht es bestimmt nicht an letzter Stelle. Orts- und Flurnamen der Umgebung verweisen auf eine umfangreiche Waldrodung, vielleicht einer frühen benediktinischen Gründung, die - falls es sie wirklich gab - ein Opfer der Ungareinfälle wurde. Da Höglwörth Grundeigentum der Salzburger Erzbischöfe war, konnte Konrad I. um 1125 hier ein Augustinerchorherrenstift gründen, dessen besondere Wohltäter und Vögte die Grafen von Plain wurden. Die Plainer saßen auch auf dem nahen Schloss Staufeneck, das sie 1306 an Salzburg verkauften. Noch heute zeigt man in der Sakristei der Klosterkirche eine lebensgroße gotische Relieffigur aus Holz; sie stellt den Grafen Luitpold III. - gestorben 1219 auf dem Heimweg von einem Kreuzzug - dar und ist der Rest seines Hochgrabes (um 1500). Die romanische Kirche wurde 1219 geweiht. Ein Jahr nach der Schlacht bei Ampfing-Mühldorf, 1323, wurden die Klosterkirche sowie die Gotteshäuser von Anger, Aufham,

Mauthausen und Piding neu geweiht. Ein völliger Neubau von Kloster und Kirche erfolgte ab 1675. Der neue Innenraum erhielt ab 1762 seine Rokokostuckierung durch den Salzburger Benedikt Zöpf. Die Deckenfresken, die „zu den reifen Leistungen der barocken Deckenmalerei unserer Heimat" zählen (Edgar Krausen), malte 1765 der aus Trostberg stammende Franz Nikolaus Streicher. Der in Rotmarmor ausgeführte Hochaltar mit seinen überlebensgroßen Apostelfiguren, die Kanzel und die Loge des Propstes in zierlichem Rokoko und die zwei klassizistischen Seitenaltäre hinten machen die Kirche zu einem Schmuckkästchen. Der Klosterhof ist in einem unregelmäßigen Grundriss gebaut; der kleine stimmungsvolle Lichthof enthält mehrere wappenverzierte Grabsteine und Bauinschriften. Am 8.7.1817 unterschrieb der bayerische König das letzte Aufhebungsdekret für ein Kloster: Es war für Höglwörth. Die Klosterkirche wurde Filiale der Pfarrei Anger, die Bibliothek dem Münchner Domkapitel und der königlichen Hofbibliothek zugesprochen. Heute gehören die Klostergebäude mit dem „Klosterwirt" einen Brauereibesitzer. Höglwörth ist ein beliebtes Ausflugsziel.

14. Maria Eck

Auf einem Vorberg des Hochfelln südwestlich von Siegsdorf erwarb 1613 und 1624 Abt Sigismund Dullinger von Seeon zum Nutzen seines Konvents ein größeres Alm- und Waldgebiet. Man nannte diesen Vorberg „Egg". Der Abt ließ dort 1626 eine kleine Kapelle bauen. Nach der Legende haben Holzarbeiter immer wieder drei Lichter über dem Wald gesehen; deshalb sei die Kapelle zur Kirche mit drei Altären erweitert worden. 1635/36 erfolgte der Bau des Presbyteriums mit den drei Konchen nach dem Vorbild des Salzburger Domes. 1644 wurden Langhaus und Turm durch den Traunsteiner Stadtbaumeister Wolfgang König neu gebaut. Der Innenraum macht durch die Farbigkeit seines barocken Hochaltars (1691) und der Seitenaltäre (um 1770/71) einen frischen Eindruck. Auf dem Gnadenbild gruppieren sich bittend unter der Muttergottes ein Mönch, ein Ratsherr, ein Holzknecht, ein Hirt und ein Bauer. Es ist eines der vielen Maria-Hilf-Bilder der damaligen Zeit, als man in Kriegsnöten und Seuchengefahren bei Unseren Lieben Frau Hilfe suchte. War doch gerade damals der Schwede bis an den Inn vorgedrungen, der Chiemgau aber von seinen Einfällen verschont geblieben. Nach Entstehung der Wallfahrt nannte man den Berg „Maria Eck", und seine Kirche wurde ein Ort vieler Gebetserhörungen, die ab 1631 in einem eigenen Mirakelbuch mit 515 Seiten aufgeschrieben wurden. Geschmackvoll zieren die besten Votivbilder die Kirchenwände, außerhalb der Kirche, an der Nordseite, erzählen Kreuze und Krücken von menschlicher Not und erlangter Hilfe. 1638 und 1654 wurden die Mesnerei und das Wirtshaus in jetziger Gestalt erbaut. 1712 erhielten die Seeoner Patres, die Betreuer der Wallfahrt, oberhalb der Kirche ein neues Haus, „zur Ausbreitung des Marianischen Kultes und wegen der Wallfahrt". Bei der Säkularisation wurde das Klostergut an einen Traunsteiner Bierbrauer verkauft, die Kirche geschlossen und das Gnadenbild nach Siegsdorf gebracht. Die umliegenden Gemeinden erwirkten 1812 die Wiedereröffnung der Wallfahrtskirche. Durch Stiftung kam das Klostergut im Jahre 1891 in den Besitz der Franziskaner-Minoriten, welche die Wallfahrt seitdem betreuen.

15. Herrenchiemsee

Nach dem bayerischen Geschichtsschreiber Aventinus soll schon der hl. Eustasius um 620/630 auf einer Chiemseeinsel ein Kloster errichtet haben. Die in den letzten Jahren durchgeführten Ausgrabungen scheinen zu bestätigen, dass sich dieses Männerkloster auf der Herreninsel befand. Unter dem Herzog Tassilo III. existierte hier ein Benediktinerkloster, dessen Salvatormünster der Salzburger Bischof Virgilius am 1. September 782 weihte. Nach dem Sturz Tassilos verschenkte Karl der Große das Kloster am 24. Oktober 788 an den Erzbischof Angilram von Metz, 891 erhielt es der Erzbischof von Salzburg. Um 1130 gründete Erzbischof Konrad I. von Salzburg an der Stelle der alten Abtei ein Augustinerchorherrenstift, zu dessen erstem Propst er seinen Domdekan, den seligen Hartmann, bestimmte. Etwa in dieser Zeit wurde das Stift Sitz eines Archidiakonats, dessen Inhaber bis zur Aufhebung nach 1803 der jeweilige Propst war und das ein großes Gebiet umfasste. Durch die Inkorporierung von mehreren Pfarreien im Chiemgau und in Tirol wuchs die Bedeutung des Stiftes, besonders aber durch die Gründung des Bistums Chiemsee durch den Salzburger Erzbischof Eberhard II. (1215). Zum Sitz wurde Herrenchiemsee bestimmt, so dass die Stiftskirche zur Domkirche wurde. Der Chiemseebischof war auch Weihbischof von Salzburg und residierte im Chiemseehof. Es gab in Herrenchiemsee drei Barockprälaten: Propst Arsenius Ulrich, der während des Dreißigjährigen Krieges das Stift reformierte und 1632 den frühbarocken Konventtrakt errichtete. Den heutigen barocken Dom ließ Propst Kögel von 1675 bis 1679 durch Lorenzo Sciasca an der Stelle der mittelalterlichen Domstiftskirche erbauen. Propst Jakob Mayr (1691 bis 1717) war der Bauherr des hochbarocken Fürstenstocks. 1803 wurde alles ein Opfer der Säkularisation: Der Konvent wurde aufgelöst, das Inventar versteigert, die Insel verkauft und die Domstiftskirche nach Abbruch der Türme und des Presbyteriums in ein Bräuhaus umgebaut. An der Decke des Langhauses der Kirche, die von Zuccalli stuckiert wurde, sieht man noch einen Bilderzyklus über den hl. Augustinus und im Bibliothekssaal des Klosters Fresken von J. B. Zimmermann. Der Kaisersaal ist ein Prachtwerk aus der Barockzeit.

16. Frauenchiemsee

54

Als man in den Jahren 1961-1963 über dem gotischen Gewölbe der Klosterkirche Frauenchiemsee die großartigen romanischen Fresken und in der daneben stehenden Michaelskapelle die noch älteren karolingischen Wandbilder fand, bekam die Frühgeschichte dieses Klosters besondere Bedeutung. Historiker vermuten sogar, dass hier der Bischofssitz der spätrömischen Ecclesia-Petena war; Grabungen haben aber dafür keine Bestätigung ergeben. Herzog Tassilo III. (748-788) gründete auf der Insel - als Gegenstück zu dem ebenfalls von ihm gestifteten Herrenchiemsee - um 772 ein Frauenkloster. Nach Tassilos Absetzung besaß der Frankenkönig Karl der Große das Inselkloster, das später seine Urenkelin Irmengard als Äbtissin zum Segen für den Konvent und den Chiemgau leitete (✝16. Juli 866). Bis zum Jahre 1202 war Frauenchiemsee Reichskloster, kam aber dann in den Besitz von Salzburg, während die Vogtei 1275 der Bayernherzog erhielt. Der Neubau der Klostergebäude in den Jahren 1728-1732 kostete viel Geld, so dass der romanische Bau der Kirche von einer Barockisierung verschont blieb. Jedoch hatte man schon nach 1688 sämtliche gotischen Altäre durch barocke ersetzt. Den mächtigen Hochaltar stiftete 1694 ein Landshuter Bürgermeister anlässlich der Profess seiner Tochter. Erhalten blieben auch die ausgezeichneten Grabsteine aus dem 14. bis 19. Jahrhundert für Äbtissinnen, Wohltäter des Klosters, Adelsgeschlechter und Klosterbedienstete. Vor dem spätgotischen Taufstein unter dem Frauenchor steht noch das Hochgrab der seligen Irmengard: Das Gemälde auf dem Deckel zeigt sie mit einem brennenden Herz in der Hand zum Zeichen, dass sie in den nachkarolingischen Wirren mit Gläubigkeit und Liebe Gott und den Menschen dienen wollte. Der Konvent überstand die Säkularisation von 1803, indem die Nonnen im Kloster weiterleben durften, bis König Ludwig I. Frauenchiemsee wieder offiziell eröffnete (1837). Im Jahre 1901 wurde es wieder Abtei und nahm einen raschen Aufschwung. Der alte Baubestand des Klosters umfasst den eigentlichen Konventstock, eine Berufsfachschule für Hauswirtschaft und für Kinderpflege mit Internat, Gästehaus, Klostercafé und Klosterladen.

17. Baumburg

Graf Sighart und Judith überließen um 1020 ihren Besitz zu „Poumburc", das schon 925 - zur Zeit des Erzbischofs Odalbert - aribonisches Gut war, der neu erbauten Margaretenkirche. Deren Sohn (oder Enkel) Marquart trug auf dem Sterbebett seiner Gattin Adelheid die Errichtung eines Klosters auf; aber erst deren dritter Gemahl, Berengar von Sulzbach, gründete mit Hilfe des reformeifrigen Erzbischofs Konrad I. das versprochene Kloster, das Papst Paschalis II. im Jahre 1109 bestätigte. Das Augustinerchorherrenstift erhielt Güter durch die Gründerfamilie, ferner durch die Taufkirchner, Toerringer und Trauner. Am Fuße des Berges entstand die Klostersiedlung Altenmarkt mit Salzbrücke. Im Jahre 1185 erhielt der Baumburger Propst das Amt des Archidiakons, dessen Bereich sich im Westen bis an den Inn und im Süden und Osten bis an die damalige Salzburger Landesgrenze erstreckte. 1420 wurde das Kloster verwüstet; zwischen 1530 und 1540 brannte es dreimal ab. Nach den Reformationswirren hob sich wieder die klösterliche Zucht. Zur 600-Jahr-Feier wurde die

Kirche umgebaut; der Trostberger Baumeister Franz Alois Mayer schuf 1754/55 unter Verwendung der romanischen Türme und Grundmauern eine weiträumige Wandpfeilerkirche; der Asamschüler und Prager Hofmaler Felix Anton Scheffler gestaltete die Fresken, der Wessobrunner Bernhard Rauch den Stuck. Mit dem Rokokoschnitzwerk der Oratorien, den prunkvollen Seitenaltären und den Rotmarmorgrabsteinen der Pröpste stellt Baumburg ein hervorragendes Kunstwerk dar.
Das blühende Klosterleben wurde 1803 ein Opfer der Säkularisation. Der Konventbau wurde verkauft bzw. teilweise abgetragen; in einem Trakt ist seit 1909 der Pfarrhof untergebracht. Der frühere Gastbau des Klosters dient heute als Erholungsstätte der Englischen Fräulein; die Ökonomiegebäude sind im Besitz der Brauerei Dietl. Bei der Säkularisation wurden die achttausend Bände der Bibliothek eingestampft oder verschleudert. Außer der Klosterkirche blieben der Kapitelsaal mit der Toerring-Kapelle und ein Reststück des Kreuzganges mit zahlreichen Grabsteinen erhalten. 1956-1958 wurde die Kirche anlässlich der 800-Jahr-Feier renoviert.

18. Seeon

56

Seeon im nördlichen Chiemgau war im 10. Jahrhundert im Besitz des Grafen Chadalhoh aus dem Aribonengeschlecht. Sein Sohn, Pfalzgraf Aribo, gründete 994 auf seinem Erbgut ein Benediktinerkloster zu Ehren des hl. Lambert und besetzte es mit Mönchen aus St. Emmeram in Regensburg, das zum Gorze-Trierer Reformkreis gehörte. Dieser Reform ging es um strengste Einhaltung der Benediktinerregel, besonders um Innerlichkeit und Zurückgezogenheit, Studium der Hl. Schrift, Pflege der weltlichen Wissenschaften, prachtvolle Ausgestaltung des Gottesdienstes, freie Wahl des Abtes. Erster Abt des Klosters wurde der St. Emmeramer Profess Adalbert, der Seeon in kürzester Zeit zu einem Kloster mit „weittragender künstlerischer Bedeutung" in der Miniaturmalerei machte. Vermutlich war bei der Klostergründung eine Gruppe namhafter Künstler aus St. Emmeram nach Seeon übernommen worden. Die Seeoner Malschule stand offenbar unter der besonderen Gunst des Kaisers Heinrich II., der hier sein „Regelbuch", sein „Gebetbuch" und das „Pontificale"

bestellte; sie zählen zu den wertvollsten Erzeugnisse der Goldminiatur. Auch ein Mönch und Buchkünstler Eberhard wirkte damals in Seeon; er wird ein Meister der Farbe genannt. Für den hohen Stand der damals hier gepflegten Bildhauerei zeugt das Kreuz des Seeoner Mönchs Alban.
Der älteste Bauteil der Klosterkirche befindet sich in ihrem Westwerk, das nach ottonisch-kaiserlichem Vorbild in seinem Obergeschoss eine Kapelle zu Ehren des hl. Michael hatte. Konrad Pürkhel von Burghausen leitete den gotischen Umbau der Klosterkirche (1428-1433), auf deren Hochaltar die berühmte Seeoner Madonna stand. Schließlich brachte um 1579 die Renaissance die Fresken des Mittelschiffes, während das Rokoko mit dem Stuckateur Feuchtmayer und dem Maler Hartmann vor allem in die Nikolauskapelle des Klosters einzog. Auch diese Abtei endete mit der Säkularisation. Die Klostergebäude wurden 1804 verkauft, Spital und Bibliothek abgerissen. Von 1852 bis 1934 waren die Leuchtenberger Eigentümer der Gebäude, die seit 1987 im Besitz des Bezirks Oberbayern sind (Bildungszentrum).

19. Altenhohenau

57

Im Jahre 1216 gründete Dominikus den Orden der Predigerbrüder zur Unterweisung der Gläubigen und Bekämpfung von Irrlehren. Fast gleichzeitig bildete sich auch ein weiblicher Zweig dieses Ordens. Der letzte Wasserburger Graf, Konrad, hatte als Ersatz für den gelobten Kreuzzug im Jahre 1235 das Dominikanerinnenkloster Altenhohenau gestiftet. Reich begütert, konnte es sich später zur eigenen klösterlichen Hofmark entwickeln. Das Kloster hatte schon früh einen zahlreich besetzten Konvent und gründete von sich aus die Niederlassung von Klein-Mariathal in Tirol. Von der ersten romanischen Klosterkirche, 1239 geweiht, ist nur noch die Apsis erhalten. Für die Reform im 15. Jahrhundert kamen 1465 Nonnen aus dem Nürnberger St. Katharinen-Kloster. 1495 trat Margarete, die zweite Tochter Herzog Georgs des Reichen von Landshut, in Altenhohenau ein. Man verehrte in der Kirche jenes Kreuz „mit dem charakteristischen Segensbaum und dem mystischen Christus, in dessen Brust

Briefe eingelegt werden konnten"; über 900 Gebetsempfehlungen wurden hier niedergelegt (zit. Hartig). Im Kloster pflegte man ferner Miniaturmalerei und Stickerei. Infolge der hohen Innerlichkeit ging auch die Reformation ohne Schaden vorüber, ebenso der Dreißigjährige Krieg trotz zweimaliger Flucht der Nonnen und der auferlegten Steuerlasten. Für die Barockisierung der Kirche holte man sich Ignaz Günther, der den imposanten Hochaltar und zwei Seitenaltäre mit den so herrlich gelungenen Apostelfiguren Petrus und Paulus schuf. Die Freskenmalerei an Decke und Chorwand machten Matthäus Günther und Johann Michael Hartwagner aus München. Eine Besonderheit jener Zeit wurde das als Gnadenbild verehrte, hochbarock gekleidete Altenhohenauer Christkind, dessen Nachbildungen ins ganze Land gebracht wurden. Im Jahre 1803 wurde das Kloster zwar aufgehoben, die Dominikanerinnen konnten jedoch bis 1822 bleiben. Nachher kamen die Gebäude in Privatbesitz und wurden teilweise abgerissen. 1923 besiedelten deutsche Dominikanerinnen aus Kalifornien das Kloster Altenhohenau. Kunstfreunde kommen hierher; man hört aber auch wieder das Chorgebet dieser sehr strengen Ordensobservanz.

20. Attel am Inn

58

Ursprünglich soll Graf Arnulf aus dem Geschlecht der Dießener-Andechser, das Kloster Attel gegründet haben. Als Teilerben der Ebersberger sollen die Andechser zu Besitz im Inntal gekommen sein. Ein Bruder des Gründers, Friedrich Rocke, Sohn des Meginhard von Reichersbeuern, soll das Benediktinerkloster zerstört haben. Arnulfs Schwester Hemma war mit Graf Walther von Kling verheiratet, Arnulfs Sohn Gebhard mit der Sighardingerin Richardis. Letztere wurden die Eltern des Hallgrafen Engelbert. Dieser saß ursprünglich auf der Lintburg nördlich von Attel und hieß um 1130 auch „Hallgraf von Attel". Er begründete im Jahre 1137 das Kloster neu. Die Kirche war eine querschifflose, dreischiffige Basilika mit Stützenwechsel; das Kloster war südlich daran angebaut. Der Kapitelsaal hatte nach den Gepflogenheiten der Cluniazenser eine angefügte Marienkapelle. Dem Stift waren schon früh etwa 13 Pfarreien unterstellt, darunter auch Wasserburg. Die Melker-Tegernseer Reform des 15. Jahrhunderts regte das ganze Klosterleben bedeutend an.

Damals stellte der Wasserburger Bildhauer Wolfgang Leb das Stiftergrab auf. Die Schweden verwüsteten im Dreißigjährigen Krieg das Kloster; nachher wurde die Abtei schlossartig ausgebaut und die Stiftskirche 1713-1715 barockisiert, nach dem Vorbild von St. Michael in München. Für den Hochaltar wurde das Freisinger Rubensbild kopiert. Auf einem der Seitenaltäre steht das romanische Kruzifix, das 1628 aus den Fluten des Inns geborgen und dem zu Ehren die Kapelle „Zu unserm Herrn im Elend" gebaut wurde. Der Tabernakel ist ein hervorragendes Rokokowerk. Ringsum in der Kirche stehen beachtenswerte Grabsteine der Äbte und in der Vorhalle ein Römerstein; zog doch westlich vom Ort die Straße Pfunzen - Regensburg vorbei. Mönchisches und wissenschaftliches Leben riss 1803 abrupt ab, als die Säkularisation auch dieses Kloster aufhob. Ab 1874 verwendeten die Barmherzigen Brüder das Kloster für Geisteskranke. Jetzt werden geistig behinderte Patienten in einer eigenen Sonderschule und Werkstätte ausgebildet: Eine sinnvolle Weiterverwendung durch die kirchliche Caritas. Der Satz am Chorbogen der Klosterkirche von „Gottes Vorsehung" bewahrheitet sich noch immer für dieses Haus.

21. Rott am Inn

59

In der Schlacht bei Hochstätt im Jahre 1081 fiel Kuno, der Sohn des Pfalzgrafen Kuno von Rott und seiner Gemahlin Uta von Dießen. Da sie nun keinen männlichen Erben mehr hatten, stifteten sie auf ihrem Besitztum Rott ein Benediktinerkloster. Kuno dotierte es reichlich und trat schließlich selbst als Mönch ein. Er starb 1086. In der Vorhalle der Kirche steht das Stiftergrab: der alte Kuno mit seinem jungen Sohn, beide das Modell der Klosterkirche in ihren Händen haltend. Dem neu gegründeten Kloster wurden umfangreiche Rodungsarbeiten bei Kötzting und Lam im Bayerischen Wald und am Pillersee in Tirol übertragen. In beiden Gegenden gründete Rott Pfarreien und errichtete Propsteien. Auch der Konvent von Rott wurde im 12. Jahrhundert durch die Cluniazenser-Hirsauer und im 15. Jahrhundert durch die Melker-Tegernseer Reform erneuert. Die Klosterkirche wurde schöner ausgestattet, in Fieberbrunn und in St. Ulrich wurden neue Kirchen erbaut. Schäden an der Klosterkirche zwangen schließlich zu einem Neubau, für den 1759 der Grundstein gelegt wurde. 1760 erfolgte die Einwölbung und 1763 die teilweise Dekoration der Kirche. Johann Michael Fischer aus München hatte den genialen Plan entworfen, einen Zentralbau mit einem Längsbau zu verbinden und alles von drei Kuppeln überragen zu lassen. Franz Feuchtmayer und Jakob Rauch schufen 1760 die Stuckatur, wobei sie sich ganz in die Formenwelt des Architekten einfühlten. Matthäus Günther malte die Deckenfresken über das Sterben der Heiligen Marinus und Anianus und zur Verherrlichung der Heiligen des Benediktinerordens, alles gruppiert um die Dreifaltigkeit. Schließlich schufen Ignaz Günther den Hochaltar und zwei Seitenaltäre, sein Freund Josef Götsch die weiteren Altäre und der Rattenberger Kunstschlosser Josef Ligner die Abschlussgitter und Apostelleuchter. Mit diesem Bau erhielt Bayern ein großes Kunstwerk.

Nach der Säkularisation wurde ein Teil der Klostergebäude abgerissen, ein anderer Teil fiel einer Feuersbrunst zum Opfer. Die Bücher der reichen Bibliothek wurden geraubt und in den Inn geworfen. Der jetzige Nordbau dient als Rathaus, der ehemalige Prälatenstock enthält zwei Privatwohnungen, die viel besuchte schöne Barockkirche ist heute Pfarrkirche.

22. Petersberg

60

Zur Zeit des Herzogs Arnulf (907-937) und der Ungarneinfälle, als das Kloster Wessobrunn „zerstört und entvölkert" wurde, kam der Wessobrunner Mönch Mechtin auf den Kleinen Madron bei Flintsbach, dessen Kirche zu Ehren des hl. Petrus Graf Rasso von Dießen-Andechs gegründet und reich dotiert haben soll. So überliefert es der Eintrag in einem alten Petersberger Messbuch der 847m hoch gelegenen Bergkirche. Zwischen 1158 und 1183, unter dem Freisinger Bischof Albrecht I., wurde „die Zelle des hl. Petrus auf dem Maderan" eigens als Stiftung des Falkensteiner Grafen Sigboto schriftlich bestätigt, freie Wahl eines Abtes oder Priors zugesichert und dem Grafen das erbliche Vogtrecht zugestanden. Derselbe Graf übereignete 1163 dieses Bergkloster, das vermutlich mit Mönchen aus Weihenstephan besetzt war, dem Freisinger Domstift. Im Kampf Albrechts von Österreich gegen Adolf von Nassau wurden Falkenstein und das Kloster auf dem Petersberg von Meingot von Surberg zerstört (1296). Nachdem das Kloster als Propstei wiedererrichtet worden war, wurden meist Freisinger Domherren Inhaber dieser „schmalen" Pfründe. Unter Kurfürst Maximilian I. und dem Freisinger Bischof Veit Adam kam es im 17. Jahrhundert wegen des Ernennungsrechts des neuen Propstes zu einem langjährigen Streit. Bis zur Säkularisation war die Propstei mit achtzig Bauernhöfen dotiert. Vizepröpste, „Kapläne" genannt, übten bis 1803 die Seelsorge auf dem Berg aus im Auftrag des in Freising residierenden Propstes. Von 1826 bis 1952 befanden sich exponierte Priester an der Kirche zur Ausübung der Seelsorge, denn der Petersberg war auch noch im 19. Jahrhundert eine viel besuchte Wallfahrt. Der Pilgerpatron, St. Jakobus, hatte in der Kirche seinen eigenen Altar.

Tief beeindruckten das romanische Portal mit seinem figürlichen Schmuck (Widder, Bär, Rankenwerk mit Vögeln), die Renaissance-Holzdecke im Inneren, der Hochaltar von 1676 und die sieben großformatigen Petrusbilder an den Schiffswänden. Neben der Kirche steht das frühere Propsteihaus, im Jahre 1696 von Propst Veit Adam von Pellkofen erbaut. 1972 wurde die Kirche, die jetzt zur Pfarrei Flintsbach gehört, und 1976 das ehemalige Propsteihaus, das heute eine Wallfahrts- und Ausflugsgaststätte ist, renoviert.

23. Reisach am Inn

61

In die Weite des Inntals hineingestellt, in respektvollem Abstand von den Bergen Tirols und Bayerns, nur vom Lärm der nahen Autobahn etwas gestört, liegt das Karmeliterkloster Reisach. Die einheimische Bevölkerung hüben und drüben des Inns nennt die Karmeliter hier einfach „die Reiserer". Damit wird auch die tiefe Verbundenheit, die die Karmeliten durch ihre seelsorgliche Tätigkeit zu den Inntalern hatten und noch haben, zum Ausdruck gebracht. – Als großer Freund des Karmelitenordens berief Hofkammerrat Johann Georg Messerer diesen beschaulichen Armutsorden in die Hofmark Urfahrn bei Niederaudorf, die er 1721 erworben hatte. Für den Bau von Kloster und Kirche ließ er J. B. Gunetzrhainer kommen. 1738 zogen die Mönche in das neue Gebäude ein, das mit Noviziat, Kapitelsaal, Fremdenzimmer und den Treppenhäusern 1746 fertig wurde. Für die Innenausstattung der Kirche, in den Jahren 1738 bis 1774 geschaffen, wurden bedeutende Meister gewonnen: Balthasar August

Albrecht malte drei Altarbilder, Johann Baptist Straub schuf für vier Altäre die Figuren und das große Kruzifix, am Simon-Stock-Altar arbeitete Straubs Schüler Ignaz Günther mit. Das mit einem Tonnengewölbe versehene Langhaus blieb gemäß der Armutsregel des Ordens ohne Fresken. Dagegen machen die in Nischen stehenden Seitenaltäre einen imponierenden Eindruck, ebenso der Hochaltar mit seiner barocken Säulenstellung nach dem Vorbild von Berninis Hochaltar in St. Peter zu Rom. Der Hochaltar zeigt im Altarblatt die Ordensheiligen Teresa von Avila und Johannes vom Kreuz als Mystiker des gekreuzigten Erlösers.

Auch in Reisach griff die Säkularisation grausam zu. Anfangs diente es als Sammelkloster für andere Karmeliter. Später waren kurze Zeit Franziskaner in Reisach. Im Jahre 1835 kamen Würzburger Karmeliter, die bleiben durften. Auf Wunsch König Ludwigs I. wurde der bisherige Ortsname „am Reisath" in „Reisach" umgeändert. Auch heute werden Kirche und Kloster noch von einem Karmeliterkonvent betreut. Die wenigen Patres bemühen sich um eine sinnvolle Ausnutzung der großen Klosteranlagen. Die 1974-1980 renovierte Klosterkirche dient hauptsächlich als Seelsorgskirche für die Niederaudorfer Bevölkerung.

VI. WALLFAHRTEN ZWISCHEN INN UND SALZACH[62]

1. Mühlberg südöstlich von Waging: Marienwallfahrt

Der christliche Pilger machte früher seine Wallfahrten im Geiste seines Christusverständnisses und wollte Jesu Lebens- und Leidensweg - oft unter großen Strapazen - nachvollziehen. Die ältesten Wallfahrtsorte sind deshalb jene zu *Unserem Herrn* und zu seinen ersten Zeugen, den Aposteln. Im Mittelalter entstanden immer mehr Wallfahrtsorte zu Ehren *Unserer Lieben Frau* und jener Heiligen, die das gläubige und hilfesuchende Volk „Nothelfer" nannte. Wunderbare Gebetserhörungen, Ereignisse und spätere Legenden trugen zur Geschichte und Berühmtheit dieser Gnadenorte bei. Die Wallfahrtskirche *Mühlberg bei Waging* überragt den ganzen Talkessel zum See hin. Um 1665 pilgerte Adam Laiminger vom Mesneranwesen in Mühlberg nach Ettal und brachte von dort einen Druck des Ettaler Muttergottesbildes mit. Nach der Legende, die erstmals um 1797 bezeugt ist, hat die Magd Eva desselben Bauern am 24. Juni 1669 eine Muttergotteserscheinung gehabt: Maria soll auf ein am Boden liegendes Ettaler Gnadenbild hingewiesen haben. Das Muttergottesbild wurde an einem Birnbaum aufgehängt und zog bald viele Wallfahrer an, so dass für das Marienbild auf der Anhöhe eine hölzerne Kapelle errichtet wurde. Im Jahre 1671 wurde eine Statue nach der Ettaler Madonna geschnitzt. 1709 erbaute man anstelle der Holzkapelle eine Kirche, die 1710 benediziert wurde. Nach einer Erweiterung des Gotteshauses konsekrierte Erzbischof Sigismund von Schrattenbach 1756 die Wallfahrtskirche. Viele Votivtafeln sind an den Kirchenwänden und an der Emporendecke angebracht (datiert ab 1670). Das aufgeklärte Konsistorium in Salzburg stellte 1787 fest, dass diese Kirche „strotzt von Opfer und Tafeln, großen Opferkerzen, Pyramiden mit Agnus Dei, verschiedenen wachsernen Opfern und allem übrigen an Wallfahrtsorten vorfindigen Meubeln" und schlug vor, das Marienbild in die Waginger Kirche zu bringen. Im Bericht von 1797 wurde empfohlen, man solle einige Bilder entfernen. Zur heute noch viel besuchten Wallfahrtskirche führt ein Stationsweg. Die um den Waginger See liegenden Pfarreien feierten 1969 das 300-Jahr-Jubiläum der Wallfahrt und schlossen ihre Gebietsmission hier ab.

2. Tengling b. Waging, Lebenau b. Laufen, Rimsting: Kolomanwallfahrten

Die Verehrung des hl. Koloman und somit auch seine Wallfahrten breiteten sich von Melk her aus, entsprechend der Kolomanslegende, wonach dieser irische Palästinapilger auf seiner Wallfahrt ins Heilige Land wegen seiner fremdländischen Kleidung als Spion aufgegriffen und bei Stockerau in Niederösterreich an einem Holunderbaum gehängt wurde. Sein Leichnam wurde am 13. Oktober 1014 ins Kloster Melk an der Donau gebracht. St. Koloman war bis 1663 Landespatron von Österreich. Seine Heiligtümer stehen meist in Talgründen. Während St. Koloman in Markt Schwaben als Patron heiratslustiger Mädchen gilt („Heiliger Koloman, schenk mir einen braven Mann"), bei Schwindkirchen als beliebter Viehpatron und in Sigrün bei Neuötting im Zusammenhang mit einer Quelle verehrt wird, scheint er bei Tengling und in der Lebenau auf Grund der Art seines Martyriums (Aufhängung am Kopf) besondere Verehrung genossen zu haben.

Das neben einem Bauernhof stehende *Kolomanskirchlein bei Tengling* überm Waginger See, bald nach 1500 erbaut, zeigt in einem spätgotischen Altar aus der Werkstatt des Laufener Meisters Gordian Guckh, wie unser Volk diesen Heiligen verehrte und ihn um Hilfe anrief zur Pestzeit, bei Kopf- und Fußleiden, bei Viehseuchen, Gewittern und bei Verurteilung zum Strang. Das Kolomansfest ist am 13. Oktober. Früher befand sich in der Kirche ein überlebensgroßer Kolomanskopf, der aber wegen abergläubischen Missbrauchs entfernt wurde. Auf einer großen Legendentafel wird das Leben St. Kolomans dargestellt. Mehrere Jahrtagsstiftungen bewiesen die Beliebtheit dieses Kirchleins beim Volke. In der Bittwoche kamen die Tettenhausener und Törringer mit dem Kreuz. Heute ist die Wallfahrt fast erloschen.

In der *Kolomanskirche Lebenau* nördlich von Laufen, ursprünglich eine Gründung der Grafen von Lebenau, befindet sich noch eine Kopfurne aus Ton; vielleicht ist es eine Votivgabe eines an Kopfleiden Erkrankten, der auf Fürbitte des Heiligen Koloman Heilung fand. Wallfahrer sind auch hier nicht mehr zu sehen. - Interessante Votivgaben hatte auch die *Kolomanskapelle bei Rimsting*. In der Kapelle stand einst die Grenzsäule der Gerichtsbezirke Kling und Wildenwart.

3. Burg bei Tengling, Ponlach oberhalb Tittmoning: Marienwallfahrten

Westlich von Tengling liegt *Burg*, nach seiner Wallfahrt auch *Maria Burg* genannt. Nach dem Brand von 1532 wurde die jetzige Kirche neu erbaut; sie ist vom Friedhof umgeben und liegt auf dem Terrain des früheren Burgberges. Die Lage dieses spätgotischen Bauwerks ist sehr reizvoll, dagegen sehr schmerzvoll der Verlust des ursprünglichen wertvollen Hochaltars mit dem Gnadenbild, einer Muttergottesstatue, die 1922 verkauft wurde. „Mit dem Bild, das ausziehen musste, um durch eine neue Marienstatue ersetzt zu werden, und zu dem das Volk großes Vertrauen hatte, ist auch der alte Geist der Frömmigkeit fortgezogen, und wohl niemand wird mehr imstande sein, die alte Wallfahrt Maria Burg wieder zu heben" (Bomhard). Nach einem früheren Wallfahrtsbildchen bestand das Gnadenbild aus einer Gruppe, in der Engel die Erdkugel mit der darauf stehenden Muttergottes und dem Jesuskind trugen. Wertvolle alte Wandfresken im Chorraum und bei der Kanzel sind ein kleiner Ersatz für das Verlorene; es sind marianische Themen über die Aufnahme Mariens in den Himmel und ihre Krönung, eine Schutzmantelmadonna mit den Salzburger Heiligen Rupert und Virgil und den kirchlichen und weltlichen Berufsständen. Im 17. und 18. Jahrhundert kamen Pilger von weit her, u. a. die Pfarrei Haslach-Traunstein an jedem 15. Mai (erstmals 1673 bezeugt). Noch in der Diözesanbeschreibung von 1884 wird Burg eine Wallfahrtskirche genannt; damals wurden noch die Goldenen Samstage gefeiert, es fanden Bittgänge der Pfarreien Waging, Palling, Tettenhausen, Törring, Ostermiething und Tarsdorf statt. Heute kommen nur noch Wallfahrer von Törring, Tengling und Taching.

Hinter der Tittmoninger Burg steht *Maria Ponlach*, nach einer Quelle auch Maria Brunnen genannt. Ursprünglich stand hier die hölzerne „Graben-Kapelle". 1624 wurde der erste Steinbau errichtet. Die heutige barocke Kapelle wurde 1717 geweiht. Das Gnadenbild ist eine stehende Lindenholz-Muttergottes mit Kind aus dem 16. Jahrhundert. Der von Thaddäus Baldtauf gefertigte Hochaltar mit einem Auszugsbild von Jacopo Zanusi ist ein Rokokojuwel der Wallfahrtskapelle, die auch heute noch viel besucht wird.

4. Marienberg südlich Burghausen: Marienwallfahrt

Auf der Höhe südlich von Burghausen haben die Zisterzienser von Raitenhaslach *Marienberg* gebaut (1400), weil „Maria ansonst Belieben trage, auf Bergen ihre Wohnungen aufzuschlagen, damit desto geschwinder die Ström mütterlicher Gnaden zum besten ihrer Pfleg-Kinder ergießen, und ein jeder, der sie mit reinem Vertrauen anflehet, in Wahrheit sagen könne, er habe Hilf erlanget, da er die Augen gegen Berg erhoben". Zisterziensische Marienverehrung übertrug sich so auf die ganze Umgebung des Salzachlandes. Päpstliche Ablässe förderten die Wallfahrt. Durch die Einführung der Rosenkranzbruderschaft (1627) erreichte Marienberg den Höhepunkt seiner Wallfahrt (im Jahre 1763 46.642 verstorbene und lebende Mitglieder), so dass sich Abt Emmanuel II. im Jahre 1760 zum Bau der jetzigen Rokokokirche entschloss. Entsprechend damaliger Marienfrömmigkeit sollte sie ein Ruhmestempel zu Ehren der Rosenkranzkönigin und Lauretanischen Jungfrau werden: Der Treppenaufgang mit den drei Anfangsstufen Glaube, Hoffnung und Liebe sowie fünfmal zehn Stufen für die fünf Rosenkranzgeheimnisse führt an der Armenseelenkapelle vorbei und durch den Friedhof: - eine Mahnung, für die verstorbenen Bruderschaftsmitglieder ein Gebet zu verrichten. An der Ostfassade steht das „Ave Maria", das Dach ist bekrönt mit einem Stern als Hinweis auf Maria, den Morgenstern der Erlösung. In das Rokoko des Hochaltars ist das Gnadenbild hineingruppiert, und zwar zwischen St. Dominikus und St. Katharina von Siena und auf einer von fünf Rosen geschmückten Weltkugel mit der Aufschrift: „Aus den Dornen, ohne Dorne". Putten im Aufsatz zeigen marianische Symbole: Spiegel, Sonne, Lilie und Kranz. Vor der Kommunionbank liegt eine Gedenkplatte für den Erbauer dieses marianischen Kunstwerks: „Hier ruht das marianische Herz Emmanuels II.". In der Säkularisation retteten Marienberger Männer trotz körperlicher Misshandlung und Gefängnishaft diese Kirche vor dem Abbruch. Graf Armansberg berichtete nach München über den schlechten Bauzustand der Kirche, doch Kronprinz Ludwig fand bei seinem Besuch keine „baufällige Feldkapelle" vor. Sie dient Marienberg nur noch als Gebetsstätte.

5. Altötting: Marienwallfahrt

Der größte bayerische Gnadenort, *Altötting*, verdankt seine Wallfahrt der Rettung eines dreijährigen Knaben, der 1489 im Mörnbach ertrunken sein soll und den seine Mutter vertrauensvoll zur Kapelle trug. Ein Wunderbüchlein von 1491-1494 berichtete bereits von „großen Wunderzeichen, welche die Jungfrau Maria zu Alten Ötting an vielen Christenmenschen gewirkt hat". Im Jahre 1497 schrieb ein Chorherr das Büchlein „Von der Zuflucht Maria". Schon 1493 war aus Landshut ein Fußpilgerzug mit 1500 Personen eingetroffen. Damals wurde die kleine achteckige Kapelle erweitert. Im 16. Jahrhundert stiegen die Opfergaben: in Naturalien, lebenden Tieren, Münzen und anderen Kleinodien, u. a. das Goldene Rössl. In dem erweiterten Kapellenumgang brachte man die Mirakelbilder an. Trotz des verwirrenden Zeitgeistes im 16. Jahrhundert machten die bayerischen Herzöge aus ihrer Frömmigkeit keinen Hehl und beriefen 1591 zur besseren Wallfahrtsseelsorge den Jesuitenorden hierher. Kurfürst Maximilian I. weihte im Dreißigjährigen Krieg mit blutunterschriebener Urkunde sich und sein Land der Altöttinger Gnadenmutter, die er dadurch zur eigentlichen Herrin Bayerns erheben wollte. Feldmarschall Tilly, der Sieger in sechsunddreißig Schlachten, stiftete nach Altötting einen kostbaren Diamanten, der später in eine nicht mehr vorhandene Krone *Unserer Lieben Frau* verarbeitet wurde. Dunkle Zeiten für die Wallfahrt waren die Aufhebung des Jesuitenordens (1773), des Kollegiatstiftes und des Franziskanerklosters (1803). Darüber konnte auch der Besuch von Papst Pius VI. (1782) und von Kaiser Napoleon (1805) nicht hinwegtäuschen. Mit der Berufung der Redemptoristen und dann der Kapuziner als Wallfahrtspriester ging es wieder aufwärts. 1912 wurde die Wallfahrtsbasilika erbaut. Papst Pius XI. sprach 1934 den Bruder Konrad heilig. Echtes religiöses Leben entwickelte sich sogar auf internationaler Ebene: Soldatenwallfahrer kamen, 1950 wurde der 74. Deutsche Katholikentag hier abgehalten, am 18. November 1980 feierte Papst Johannes Paul II. mit fünfzigtausend Gläubigen auf dem Kapellplatz eine Messe. Eine dreiviertel Million Pilger kommt jährlich nach Altötting.

6. Heiligenstatt b. Altötting, Fißlkling b. Kraiburg: Christuswallfahrten

Die Kirche *Heiligenstatt* zwischen Altötting und Tüßling führt ihre im Mittelalter entstandene Wallfahrt auf die Verehrung einer bestimmten „Stätte" zurück: Am 20. April 1373 soll eine Frau aus Teising bei der Osterkommunion die konsekrierte Hostie in ein Tüchlein gewickelt und mitgenommen haben. Auf der so genannten Osterwiese („Opferwiese") habe sie die Hostie verloren, aber weidendes Vieh habe diese in einer Grube gefunden und durch Niederknien das Sakrament verehrt. Darüber berichtet man dem Abt von Raitenhaslach, der die Hostie feierlich barg. An der Fundstelle baute man die heute noch stehende Kirche St. Salvator, die auch den Unschuldigen Kindern geweiht ist. Der Chorraum, wohl bald nach 1373 geweiht, wurde um 1451 erweitert und schließlich im Jahre 1734 zum jetzigen Bau umgestaltet. Die Entstehungsgeschichte ist auf den Deckengemälden der Kirche dargestellt. Man verehrte die Fundstelle früher auch dadurch, dass man Erde daraus mitnahm und als Heilmittel bei Krankheiten und Unglücksfällen verwendete. Die Fundgrube, in der die Hostie lag, ist unter dem Altar zu sehen. Auch der Name „Heiligenstatt" leitete sich von der Stätte ab, wo das Heiligste Gut lag. Die Altöttinger Pilger hatten früher die Gewohnheit, zuerst nach Heiligenstatt, d. h. zur Christuswallfahrt, zu gehen und dann erst zur Marienwallfahrt nach Altötting weiter zu ziehen. Das Aufblühen des Wallfahrtsortes Altötting ließ den Christuskult in Heiligenstatt allmählich zurückgehen und in Vergessenheit geraten.

Eine weitere Wallfahrt zu *Unserm Herrn* ist nordöstlich von Kraiburg an der Straße Kraiburg-Mühldorf: die Wallfahrtskirche *Fißlkling*, eine Gebetsstätte zum leidenden Heiland. Fißlkling war bis 1790 eine Einsiedelei. Als Klause diente dem Eremiten die jetzige Kirchenvorhalle, an die man 1750 einen Rundbau anschloss und darin den gekreuzigten Heiland verehrte, besonders an den fünf Fastenfreitagen mit eigenen Gottesdiensten und mit Predigt. So wird es auch jetzt noch in der Fastenzeit gehalten. Südlich der Kirche steht eine Martersäule mit Passionsreliefs (1642). Man sollte die Säule nicht übersehen, wenn man den Herrn in seiner Passion in Fißlkling besucht.

7. Ecksberg westlich Altmühldorf: Christuswallfahrt

Die Wallfahrtsgeschichte der Kirche St. Salvator bei *Ecksberg* westlich von Altmühldorf berichtet, dass 1453 drei Diebe im Gotteshaus Mößling eingebrochen und das Ziborium mit zwölf darin befindlichen Hostien geraubt haben. Da das Ziborium nur aus Kupfer war, vergruben sie es beim heutigen Ecksberg, in einer von Sträuchern bewachsenen Gegend. Der Rädelsführer wurde im Landgericht Dorf „weiters verübten Diebstahls gefänglich eingebracht". Dort habe er seine Missetat gestanden und die Obrigkeit zu dem Ort geführt, „wo er dann den Platz wirklich eingezeiget". In Gegenwart von Prälaten von Gars und Au, einer ehrwürdigen Priesterschaft und einer großen Volksmenge habe man am 12. Mai 1543 das höchste Gut ausgegraben und „von Stund an das Gotteshaus angefangen" zu bauen; die Kirche wurde 1455 geweiht. Die zwölf Hostien wurden mit Chrisam gesalbt und mit anderen Reliquien unter dem Hochaltar eingeschlossen. Wegen angeblicher Gefahr der Unterspülung der Innleite und des Zusammenfallens der Kirche wurde diese 1682 abgetragen und an der jetzigen Stelle erbaut. Für die Grundsteinlegung wurde ein eigenes Andachtsbüchlein geschrieben: „Myrrhenbüschl, welche die gottliebende Seele in Anbetracht der heiligen fünf Wunden Christi zusammengetragen". Der Bau war 1684 vollendet und „die gnadenreiche Bildnis sancti salvatoris in den neuen Ecksperg überführt". Ein eigener Wallfahrtspriester, meist ein Mühldorfer Kanoniker, wurde angestellt. Die Wallfahrt hatte einen weiten Einzugsbereich; so kamen zur 300-Jahr-Feier (1755) hierher die Pfarreien Mühldorf und Altmühldorf, Ober- und Niederbergkirchen, Mettenheim, Flossing, Ensdorf, Lohkirchen, Holzhausen, Ampfing, Heldenstein, Pürten und Schnaitsee. Zum 440-Jahr-Jubiläum (1895) sagte der Festprediger: „Wenn diese Kirche in der neuen Zeit (in der Säkularisation) wie eine trauernde Witwe wurde, wenn sie wieder in der Gegenwart zu einer freudigen Braut Christi umgeschaffen sei ...", so meinte er damit die neben der Kirche errichtete Anstalt für behinderte Menschen. Die Salvatorwallfahrt wurde zur Zufluchtsstätte für Kranke, die von Ordensschwestern betreut werden.

8. Pürten nordwestlich Kraiburg: Marienwallfahrt

Isengaugraf Chadalhoh hatte zusammen mit seiner Gemahlin Irmingard den Sitz *Pürten* bei Kraiburg, den Mühldorfer Hart und andere Liegenschaften dem Salzburger Domstift geschenkt. Irmingard erhielt ihr Grab in einer Nische an der nördlichen Kirchenmauer der jetzigen Gnadenkapelle; man konnte früher durch einen Mauerspalt ihr Grab sehen. Sie schenkte der Kirche Pürten ein wertvolles Evangeliar; dieses wurde vor allem Epileptikern, Besessenen und Geisteskranken aufgelegt und ihnen vier Nächte lang mit den Anfangstexten der vier Evangelien unter den Kopf geschoben, um dadurch Heilung zu erzielen. Das Buch war um 900 in einem westfränkischen Kloster geschrieben und mit Malereien der Reimser Schule geziert worden. Das Andenken an Irmingard, die man als Selige der Kirche und große Frau von Pürten verehrte, blieb beim Volk in der Umgebung durch zahlreiche wundersame Legenden lebendig. Erst als die Marienwallfahrt in Pürten aufkam, vergaß man Irmingard und das geheimnisvolle Buch. In der romanischen Seitenkapelle steht die „Schöne Maria zu Pürten", um 1440 im Weichen Stil geschaffen und im vielfachen Faltenwurf ihres Rockes den Reichtum ihrer Seele andeutend; ihr Gesichtsausdruck ist von tiefer Lieblichkeit. Unter ihren Füßen ist der Mond als Zeichen der Vergänglichkeit und der Kopf eines Mannes mit erloschenen Augen; ein Hinweis auf den besiegten Dämon oder den auf Erlösung ausschauenden Menschen. 1629 berichtete Kurfürst Maximilian I., er sei schon öfters mit seiner Gemahlin hierher gewallfahrtet. Von den Votivgaben bewundern wir besonders die lebensgroßen Wachsfiguren an der Westwand der Gnadenkapelle; sie stammen aus dem 17. Jahrhundert und stellen vermutlich die Toerringsche Richter- und Verwalterfamilie Gruber aus Jettenbach dar; die Familie Gruber ist unter der Rokokokanzel der Kirche begraben. Die Figuren entstanden in der Wachszieherwerkstätte Surauer in Wasserburg. Ein weiteres Zeugnis der früher blühenden Wallfahrt ist das Pürtener Mirakelbuch mit 205 Pergamentseiten. Zweiundzwanzig Gemeinden wallfahrteten früher hierher. Seit der Renovierung (1959/60) erstrahlt die Kirche in neuem Glanz.

9. Attel, Hofwieskapelle und Kronwidlkapelle: Christuswallfahrt

In der ehemaligen *Klosterkirche Attel* steht auf der linken Chorseite der Kreuzaltar mit dem spätromanischen Kruzifix Unser Herr im Elend. Dieses Kreuz wurde 1628 vom Klosterfischer aus dem Inn geborgen und zuerst in einer Holzkapelle, nach 1655 in einer zweitürmigen Wallfahrtskirche neben dem Inn am Fuße des Klosterberges verehrt. 1786 wurde die von J. B. Zimmermann ausstuckierte Kirche wegen Baufälligkeit abgetragen und das Kreuz in die Klosterkirche auf dem Berg gebracht. Die erst im 20. Jahrhundert aufgelassene Wallfahrt blüht allmählich wieder auf.

Die *Hofwieskapelle bei Guttenburg* verdankt ihr Entstehen einem Ereignis von 1648: Ein schwedischer Reiter soll im Spielen sein Geld verloren, in seiner Wut geflucht und auf das Muttergottesbild geschossen haben; er traf Maria unter der rechten Brust. Gottes Strafe soll ihn sofort ereilt haben: Er soll mit schwarz gewordenem Gesicht tot vom Pferd gefallen sein. Erschüttert von dieser Begebenheit habe der damalige Gutsherr auf Guttenburg das verletzte Muttergottesbild in seine Kapelle auf der Hofwiese gebracht. Dieses Ereignis ist über dem Kapelleneingang dargestellt. Die jetzigen Votivbilder stammen meist aus dem 19. Jahrhundert, zeugen aber trotz ihres unkünstlerischen Charakters vom Gebet derer, die hier einst bei der verletzten schmerzhaften Gottesmutter Hilfe suchten.

Auch die *Kronwidlkapelle bei Altmühldorf* hat die kirchenstürmerischen Zeiten überstanden, obwohl die daneben gestandene Rupertuskirche 1807 abgerissen wurde. Man verehrt hier die schmerzhafte Muttergottes mit den sieben Schwertern, d. h. sieben Schmerzen, eine im 17. und 18. Jahrhundert beliebte Volksandacht. Ursprünglich stand hier nur eine Holzkapelle, der 1863 ein Steinbau folgte. Das mit vielen Täfelchen überladene Innere zeugt von der großen Frömmigkeit der stillen Beter, die hier auch die Verehrung der Vierzehn Nothelfer begründeten. Unter den Bildern fallen besonders die Darstellungen von Gänseherden auf, als ob die Muttergottes von Kronwidl auch als Gänsepatronin zuständig wäre. Gottesdienste werden einige Male im Jahr gehalten, es finden auch Lichterprozessionen statt, viele private Wallfahrer kommen.

10. Altenhohenau am Inn südlich Wasserburg: Christuswallfahrt

Der Ort *Altenhohenau* am Inn südlich Wasserburg hatte in der 1803 abgetragenen Angerkapelle ein Marienbild, das vor dem Aufblühen der Christkindlwallfahrt in der Klosterkirche verehrt wurde; so zeigt es uns auch das Klaubersche Andachtsbildchen des 18. Jahrhunderts. Heute besteht die eigentliche Wallfahrt hierher zum Altenhohenauer Jesuskind in der Klosterkirche St. Peter und Paul der Dominikanerinnen. Schon im 16. Jahrhundert fanden Konvent und Kloster das besondere Lob des Papstes Clemens VII., da er die Schwestern als „Rosen im Garten des Herrn, die den stärksten Männern Deutschlands als Beispiel dienen könnten" bezeichnete. Das verehrte Jesuskind, im Glasschrein des rechten Seitenaltares aufbewahrt, ist eine kleine stoffbekleidete Schnitzfigur, die ein Kreuz hält und den Segen spendet. Seit dem 18. Jahrhundert hat es sich die Verehrung vieler Menschen errungen und wurde zu einem Gnadenbild, das zu den zwölf bedeutendsten Wallfahrtsbildern Bayerns gezählt wurde; es soll an vielen heiligen Stätten Palästinas berührt worden sein. Im 18. Jahrhundert wurde Altenhohenau berühmt durch die Mystikerinnen Kolumba Weigl aus München und Paula Grasl aus Pfaffenhofen an der Ilm. Kolumba Weigl verehrte Jesus auch in einem anderen Bilde, dem so genannten „Kolumba-Jesulein". Diese 52cm hohe Figur rettete ihre Nichte Claudia bei der Klosteraufhebung (1803) nach München; von dort brachte man sie zurück, als die Dominikanerinnen 1923 Altenhohenau wieder besiedelten. Schon in Altenhohenau und dann bei den Kapuzinern in St. Anton, wo man das Kolumba-Jesulein aufbewahrt hatte, nannte man es den „göttlichen Haushalter". Kolumba wandte sich in ihrer jugendlichen Ängstlichkeit öfter an das Jesuskind, das ihr gesagt haben soll: „Ziehe nur ab deine weltlichen Kleider, ich will dir das Himmelreich dafür geben". Kolumba erlebte mehrere wunderbare Ereignisse, insbesondere ihre Stigmatisierung vor dem Altenhohenauer Kruzifix, einem zweiten Gnadenbild dieser Kirche. Sie starb am 31.8.1783. Ihre Grabstätte, das Jesulein und das Kruzifix werden bis heute tief verehrt. Am letzten Augustsonntag ist das Kolumbafest. Besucht wird auch gern die Kolumbaquelle.

11. Rosenheim, Marwang bei Grabenstätt: Loretowallfahrt

Die *Loretowallfahrten* gehen zurück auf die Legende, dass das Haus der heiligen Familie von Nazareth 1291 von Engeln nach Dalmatien, dann 1294 zuerst nach Recanati und 1295 nach Loreto entrückt worden sei. Eine typisch mittelalterliche Wundererzählung, um sich das Bestehen einer speziellen (Marien-)Kirche zu erklären. Loreto gehört auch heute noch zu den bedeutendsten Marienwallfahrten der Welt mit einem Jahresbesuch von etwas 900 000 Gläubigen. So unternahm im Jubiläumsjahr 1600 auch der Rosenheimer Bürgermeister und Gastwirt Georg Schaur eine Wallfahrt nach Rom und Loreto, erkrankte in Loreto und gelobte bei Wiedergenesung den Bau einer Kapelle in Form des heiligen Hauses in Loreto. Erst 1635 wurde die Kapelle in *Rosenheim* erbaut, 1636 eingeweiht. Zugleich sorgte Schaur für die Anstellung eines Messpriesters (Benefiziaten) und übertrug die Kapellenverwaltung der Rosenheimer Fronleichnamsbruderschaft. Namhafte Inntaler Meister wirkten an der künstlerischen Ausgestaltung der kleinen Wallfahrt mit. 1806 sollte die Kapelle abgerissen werden, aber die Bürgerschaft des Marktes bat um die Erhaltung, die ihr unter der Bedingung gewährt wurde, noch zwei Fenster auszubrechen, damit die Kapelle nicht mehr den Charakter des heiligen Hauses von Loreto habe. Die Loretokapelle blieb somit für die Rosenheimer das stille, gern besuchte Wallfahrtskirchlein der Stadt. Beachtenswert sind die großen Votivtafeln über den Pandureneinfall und die Beschießung des Marktes am 21.10.1744 sowie das Votivbild der Gemeinden Brannenburg und Degerndorf, das nach einem Bergrutsch im Jahre 1851 gestiftet wurde. Das Gnadenbild ist eine Schnitzfigur aus dem 17. Jahrhundert; Maria und Jesus tragen eine Rokokokrone.

In *Marwang bei Grabenstätt* erbaute die Gräfin von Toerring, Inhaberin von Pertenstein und Marwang, neben ihrem Schloss eine Loretokapelle. Die Kapelle wurde bald eine beliebte Gebetsstätte für das umwohnende Volk. 1877 wurde auch hier ein Messbenefizium gestiftet. Seit die Niederbronner Schwestern neben der Kapelle ein Kinderheim und ein kleines Altersheim betreuen, hat das Loretokirchlein in Marwang noch mehr Beter gefunden.

12. Umratshausen b. Frasdorf, Heilig-Blut/Rosenheim: Christuswallfahrten

Die *Heilig-Blut-Wallfahrten* entsprangen der Christusverehrung im Mittelalter. Aus dem Orient hatten die Kreuzfahrer den Heilig-Kreuz- und Heilig-Grab-Kult mitgebracht. Schon früh kam dazu noch die Verehrung des Heiligen Blutes Christi, oft in Verbindung mit einer konsekrierten Hostie, der „Bluthostie". Bei der Kirche in *Umratshausen* östlich von Frasdorf wurde - nach der Überlieferung - eine Heilig-Blut-Reliquie gefunden; drei Männer sollen diese Reliquie in Kriegszeiten in goldenem Gefäß vergraben haben, seien aber verraten und getötet worden, weil sie das Versteck nicht preisgaben. Das könnte im Landshuter Erbfolgekrieg (1504) gewesen sein. Die Pfarrgemeinde Prien pilgerte einst in Bußprozession hierher, und zwar „die ganze Clerisei mit brinnenden lichtern blosen fiesen". 1699 beklagte man sich über das Aufhören dieser Prozession, die auch durch die 1856 gegründete Bruderschaft zum Kostbaren Blut nicht mehr belebt werden konnte. Die Emporenbilder der Kirche und die Deckenfresken - letztere 1749 von Adam Mölk aus Walchsee gemalt - sind auf die ehemalige Wallfahrt und das kostbare Blut abgestimmt.

Südlich von Rosenheim entstand gegen Ende des 15. Jahrhunderts auf dem Wasen die Kirche *Heilig-Blut*. Die Wallfahrt erreichte im 17. Jahrhundert ihren Höhepunkt. Äußeres Zeichen dafür sind die beständig notwendig gewordenen Erweiterungen und Ausstattungen der Kirche: 1508 mit der Aufstellung eines Flügelaltars mit dem Gnadenstuhl des Meisters von Rabenden (um 1520), 1624 mit einem Wandepitaph über die sieben Blutvergießungen Christi und dem Sebastiansaltar, 1686 mit Ausstuckierung. 1802 als entbehrlich erklärt, 1807 zum Abbruch bestimmt, blieb die Wallfahrtskirche auf Bitten eines blinden Happinger Drechslers erhalten. Neben der Kirche steht eine Brunnenkapelle mit einem lebensgroßen, seine Wundmale zeigenden Erbärmde-Christus (1690). Das eigentliche Wallfahrten hierher - bis vor kurzem gab es noch Bittgänge umliegender Pfarreien - ist zwar erloschen (die Kirche ist jetzt Pfarrkirche), die Betrachtung der Kunstwerke erfüllt aber den Beter und den Kunstfreund von heute nicht weniger als den Wallfahrer von gestern.

13. Neubeuern am Inn südlich Rosenheim: Marienwallfahrt

Die Marienwallfahrt in *Neubeuern am Inn* entstand, nachdem an einem Januarabend des Jahres 1498 „die Kirchen Undt der Glokhen Thurn Unser Lieben Frauen Gottshauß hie zu Neuenpeyen in Markt Versperth gewesen ist. Da hat sich die Kleinere Glokhen in Thurn Geleidt, Und Lauth gekhlenkht. Darnach die Kirchen auf gespörth, ob man yemandt fündt ... Da hat man niemandt gefundten". Noch im selben Jahr ereignete sich die wunderbare Heilung der Tochter des Marktbürgers Johann Teurfischl. In der Karfreitagsnacht des Jahres 1512 war „ein groß Ungewohnliches Liecht in der Kirchen hie Gesechen worden". So entwickelte sich die Wallfahrt immer mehr. Zwei römische Ablässe wurden 1474 und 1517 an die Neubeuerer Marienkirche gewährt, die als Fest „der Gnad" bis in unsere Tage am 4. Fastensonntag als eigenes Kirchenfest gefeiert werden. Im 17. und 18. Jahrhundert mehrten sich die Wunderberichte: In der Not des Dreißigjährigen Krieges, durch die Anliegen der Schiffleutebruderschaft (1622 oberhirtlich bestätigt), besonders aber durch die 1630 errichtete Rosenkranzbruderschaft. Deshalb musste man im Jahre 1636 das Langhaus der Kirche erweitern. 1642 wurde ein neuer Hochaltar mit dem gotischen, jetzt noch vorhandenen Gnadenbild errichtet und 1643 ein Bilderzyklus mit den Mirakeln im Kircheninneren angebracht. J. Klauber verfertigte 1760 nach einem Gemälde von Josef Anton Höttinger seinen Kupferstich „Neubeuern mit der Gnadenmutter". 1765 wurde das vierzigstündige Gebet als Sühneandacht für die Fastnachtstage gestiftet. Das Presbyterium wurde 1775 neu erbaut und somit Platz geschaffen für die Kirchfahrer aus dem Inntal, der Gegend um den Chiemsee und aus dem Achental, von Rosenheim, Wasserburg, München, Aichach und Ingolstadt. Man kam wegen allerlei Krankheiten nach Neubeuern, besonders an den Montagen, wenn hier Wochenmarkt war. Die Eintragungen in dem 1757 begonnenen Mirakelbuch enden mit dem Jahre 1793. 1804 wurden alle Votivtafeln aus der Kirche entfernt; der Mesner erhielt für diese „Arbeit" sogar vierzig Kreuzer. Der Wallfahrtseifer ließ nach. Die Bistumsbeschreibung von 1880 kennt keine Neubeuerer Wallfahrt mehr.

14. Nußdorf a. Inn, Buchet, St. Leonhard b. Waging: Leonhardiwallfahrten

Der heilige Leonhard stammte aus edlem fränkischem Geschlecht und gründete das Kloster St. Leonhard de Noblat bei Limoges in Frankreich. Man schreibt ihm viele Wunder zu und rühmte sein Sorgen für die Bevölkerung. St. Leonhard wurde besonders im Zeitalter des Rittertums und der Kreuzzüge als Patron der Gefangenen verehrt, während das Landvolk ihn zum Vieh- und Pferdepatron machte. Jakobuspilger brachten seinen Kult auch in unsere Gegend. So entstanden die Leonhardifahrten mit Pferdesegnungen an seinem Tag (6. November). Die Gläubigen opferten verschiedene Votivgaben - eiserne Tierformen und Hufeisen - und umspannten seine Kirchen mit Eisenketten. In Leonhardspfunzen nördlich von Rosenheim gibt es seit dem 15. Jahrhundert einen Pferdeumritt. Das Wasser des Leonhardibründls unten im Tal trinken die Wallfahrer gegen Augen- und Magenleiden oder sie nehmen es mit heim, seitdem 1734 St. Leonhard einem Kranken im Traum die Heilkraft dieses Wassers geoffenbart haben soll.

Die Leonhardskirche in *Nußdorf am Inn*, kurz nach 1400 erbaut, hatte eine sehr umfangreiche Leonhardiwallfahrt. Pferde waren schon immer notwendig für Händler und Reisende, die auf der spätantiken-frühmittelalterlichen Straße zum Innübergang bei Pfunzen fuhren, für die Bergbauern zum Holztransport, für die Innschiffer zum Rücktransport ihrer Schiffe. Das Hochaltarbild zeigt Leonhard als Fürbitter neben dem vom Blitz gestürzten heidnischen Hirtengott Pan. Das Aufkommen der Kirchwalder Wallfahrt und die Einführung der Skapulierbruderschaft an der Leonhardskirche ließen den Leonhardskult in Vergessenheit geraten. Auch der Pferdeumritt ist abgekommen.

St. Leonhard im *Buchet nördlich Schnaitsee*, ein Bau des 15. Jahrhunderts, ist überaus reich bestiftet mit metallenen Votivgaben, da St. Leonhard um 1400 der „Eisenherr" genannt wurde. Sämtliche umliegenden Pfarreien pilgerten hierher. Pferdeumritte haben sich bis heute erhalten.

Auch in *St. Leonhard am Wonneberg* südlich Waging gibt es seit 1973 am ersten Sonntag in November wieder einen Umritt, zu dem etwa fünfzig Bauern und Sportreiter aus der Umgebung mit ihren Pferden kommen.

15. Kirchwald bei Nußdorf a. Inn: Marienwallfahrt

Am Kirchenportal von *Kirchwald bei Nußdorf am Inn* befindet sich ein bebildeter Bericht der Gründungsgeschichte dieser Wallfahrt: „Ao. 1643 empfangt der frome Brueder und eremit Michael schopfl von einen cardinalen zu Rom dieses marianische bild zu außibung seiner andacht, sambt einigen Reliquien ... der frome ainsiedler gießet in den ehe vor ungesunden brunnquell auf den kirchwalt, wo ihn eine eremitasch her zu richten erlaubet worden, ein heiliges wasser von högling hinein, würfet darzue die reliquien von Rom, und bittet sein marianisches Bildnis, das dieser quell in ein gesundheitsbrunn verwandelt werd ... durch vorbitt Maria ist dises wasser in ein wunder würkendes quell venderet worden, wohl ville menschen bis auf dise stund durch vorbitt Maria ihre gesundheit erhalten ...". Die Frömmigkeit dieses Klausners und das wunderkräftige Wasser förderten die Wallfahrt zu diesem Marienbild, das ursprünglich in einer Holzkapelle in dem „Quarantan" genannten abschüssigen Waldgelände hing, später aber in ein oberhalb der Kapelle erbautes und leicht zugängliches gemauertes Kirchlein gebracht wurde. Die jetzige Wallfahrtskirche und die Klause wurden durch die Initiative und die Spenden des Nußdorfer Wirtssohns und späteren Klausners P. Casimir Weiß von Wolfgang Dinzenhofer erbaut und 1722 geweiht. P. Weiß fand vor den Altarstufen seine letzte Ruhestätte. Die Gnadenstätte steht auf einer einsamen Waldwiese an einem hier durchziehenden Waldweg. Als in der Säkularisation Kirche und Klause für nutzlos erklärt und für den Abbruch bestimmt wurden, gingen einige beherzte Bauern des Samerberges zum Grafen Max von Preysing nach München, zu dessen Neubeuerer Herrschaftsbereich Kirchwald gehörte, und baten um Erhaltung der Wallfahrt. Noch heute sind an die hundert Votivtafeln ein Zeugnis für viele Gebetserhörungen. Besonders an den drei Goldenen Samstagen, den drei Samstagen nach Michaeli (29. September), pilgern Hunderte Wallfahrer hinauf und feiern die „Goldene Messe", eine Votivmesse zu Ehren Unserer Lieben Frau, nachweisbar für viele Gegenden schon im 14. Jahrhundert. Aber auch Naturfreunde wandern durch den Wald nach Kirchwald.

16. Petersberg b. Flintsbach: Petruswallfahrt; Schwarzlack: Marienwallfahrt

Dass die *Peterskirche* auf dem Kleinen Madron bei Flintsbach Wallfahrtskirche ist, wissen wir aus dem Stiftsbuch von 1390: „Item die kirchfart die von rechtz wegn auf sand peters perg sullen gen". Die falkensteinischen Pfarreien Braitenbach, Angat, Erl und Langkampfen aus Tirol, ferner Pang, Holzhausen und Brannenburg, Flintsbach mit den Filialen Degerndorf, Audorf und Kiefersfelden, ja sogar Prutting und Aibling kamen zum hl. Petrus auf den Berg. Diese Bergwallfahrt war vermutlich aus einer vorchristlichen kultischen Tradition entstanden und durch die Aufbewahrung der Reliquien, die Graf Rasso im 10. Jahrhundert aus dem Heiligen Land mitgebracht hatte, verstärkt worden. Sie blühte im Mittelalter, als man 1388 dem Pilgerpatron, dem hl. Jakobus, einen Seitenaltar weihte; im 17. Jahrhundert, als die wertvollen Petrusbilder und Figuren angeschafft wurden und die Pilger vor dem Petrusfresko des Seitenschiffes die Kerzen abbrannten; im 17. Jahrhundert, als 1611 die Pest im Inntal ihre Opfer forderte und die Kreuztrachten Flintsbach, St. Margarethen und Degerndorf einen „ewigen" Bußgang gelobten „mit Fasten bei Wasser und Brot und zeitlichem Aufbrechen auf den Berg". 1720 wurde an der Petersbergkirche die Herz-Jesu-Bruderschaft eingeführt, deren Mitglieder aus der ganzen Umgebung stammten. Die Rettung von St. Peter vor dem Abbruch in der Säkularisation verdanken wir den beiden Bauern auf der Hohen Asten, die sich verpflichteten, „auf ewige Zeiten" für die Kirche zu sorgen. Seit 1972 nimmt die Wallfahrt zum Petersberg wieder zu, besonders am Patrozinium (letzter Junisonntag) und der neu eingeführten Inntalwallfahrt (2. Septembersonntag). Sogar Münchner Pfarreien kamen erstmals 1974 auf den Berg.

Nördlich von Brannenburg steht auf einer Waldlichtung die Wallfahrtskirche *Schwarzlack*. 1659 ließ sich hier in der „schwarzen Lacken" ein Eremit nieder und errichtete eine Kapelle mit einem Mariahilfbild, das bald die Verehrung durch das Volk fand. Die jetzige Kirche wurde 1750-1754 durch den Hofmarksherrn auf Brannenburg erbaut. Sie erhielt ihre künstlerische Ausstattung durch den Bildhauer Josef Götsch und den Maler Sebastian Rechenauer den Älteren.

17. Sachrang im Priental, Aschau im Priental: Christuswallfahrten

Die *Ölbergkapelle bei Sachrang* ging aus einer kleinen Klause hervor, die der Sachranger Priester Johann Nuzinger (✝1668), „gegen den Tirolerischen Gränizen" gebaut hat. Sein Amtsnachfolger errichtete darin einen Altar, und so wurde die Klause zur Kapelle. An Ostern 1669 fand hier der erste Gottesdienst statt. Im Laufe der nächsten Jahre kamen besonders die Tiroler gerne zur Grenzkapelle. Der Hueberbauer an der Grenze ließ 1674 eine gemauerte Kapelle errichten, die nun „Ölbergkapelle in der Grenzhueb" hieß und in der man - entsprechend der barocken Passionsfrömmigkeit - besonders Christi Todesangst verehrte und an jedem Donnerstag die Messe feierte. Die Jahre vor 1700 waren Höhepunkte der Wallfahrt. Nach der Aufklärungszeit kamen die Wallfahrer wieder. Für den Gottesdienst im Freien eignet sich besonders das Obergeschoss des Ostbaues als Predigtkanzel und Zelebrationsstätte. In der Hauptkapelle befindet sich in einer hohen Tuffsteingrotte eine holzgeschnitzte Ölberggruppe. Durch die Wiederentdeckung des hier wirkenden Sachranger Organisten und ländlichen Komponisten Müllner Peter (Huber) wurde in den letzten Jahren die Wallfahrt aufs neue belebt, besonders durch die große Wallfahrt der Chiemgauer und Tiroler am 3. Septembersonntag.

Die *Abendmahlskapelle östlich von Aschau* im Hochwald soll ihre Entstehung Georg Aufinger, dem Gschwendtner Bauern, verdanken, der „diese Tafel hierher verehrt, so seine Pferde auf der Streu gelegen, hat er's durch Schickung Gottes wieder gesund davon gebracht. Ao. 1723". Diese als Altarbild verwendete Tafel, ein Abendmahlbild, hing ursprünglich an einem Baumstamm bei dem noch fließenden Quellwasser neben der Kapelle. Später wurde es in eine aus Holz erbaute kleine Kapelle gebracht, die ein Schlossergesell nach wunderbar erlangter Heilung seines rechten Armes errichtet haben soll. Schließlich erbauten die beiden Reiterbauern 1822 eine Kapelle aus Stein. Bald nachher kamen wegen der Wunderquelle zahlreiche Wallfahrer, wuschen darin ihre Augen oder nahmen das Wasser mit. Das Wallfahrtsbüchlein von 1844 bezeugt, wie hochgeschätzt diese Gebetsstätte einst war. Das Hauptfest ist am ersten Julisonntag.

18. St. Florian: Florianiwallfahrt; Kleinholzen b.Prutting: Nothelferwallfahrt

Die Kirche *St. Florian nördlich Frasdorf*, einsam in aufsteigender Hügellandschaft gelegen, verdankt ihre Entstehung der daneben entspringenden Quelle, über der eine kleine Kapelle steht. Nach der Florianslegende soll die Christin Valeria den Leichnam des 304 in der Enns wegen seines Glaubens ertränkten Heiligen geborgen und mit einem Ochsengespann zur Begräbnisstätte, dem jetzigen Stift St. Florian in Oberösterreich, gebracht haben; die Zugtiere aber seien ermattet, da habe sie um Hilfe gebeten, worauf eine wunderkräftige Quelle entsprungen sei. Die hiesige St. Florians-Wallfahrt blühte bis in das 19. Jahrhundert. Besonders bei Feuergefahr verlobte man sich hierher; so 1528 Hanns von Ramerstätten „einer prunst halber" mit einer Kuh, 1672 Graf Max II. von Preysing-Hohenaschau mit einem wächsernen Modell seines Schlosses von 109 Pfund. Nach der Säkularisation kamen das Wallfahren und Wasserholen schnell ab. Um so größer ist heute die „Wallfahrt" der Kunstfreunde, die den im Presbyterium aufgestellten Flügelaltar bewundern, der - um 1520 geschaffen - zu den wertvollsten spätgotischen Altären Oberbayerns zählt; auf den Tafelbildern sind Szenen aus dem Leben des hl. Florian, die Passion Christi und das Jüngste Gericht dargestellt.

Von *Kleinholzen südlich Prutting* erzählt man folgende Gründungslegende: Der neben der Kirche wohnende Bauer habe nachts quälende Geister sprechen hören, daraufhin habe er zum Troste dieser armen Seelen den Bau einer Kapelle gelobt; aber weder er noch sein Sohn hätten das Versprechen gehalten. Erst ein aus Riedering in den Hof eingeheirateter Bauernsohn habe das Kirchlein gebaut, aber auch erst nach viel Unglück in Haus und Stall. Der Kirchenbau entstand 1654-1657. Bald danach kamen immer mehr Menschen zur neuen Gebetsstätte zu Ehren der Vierzehn Nothelfer. Ein eigenes Mirakelbuch wurde angelegt und 1658 die Messerlaubnis erteilt. Die Wallfahrt erreichte damals ihren Höhepunkt. Im Jahre 1802 wurde auch dieses Gotteshaus als überflüssig erklärt und zum Abbruch bestimmt, aber auf den Einspruch des Hellbauern blieb es erhalten. Interessant ist das Votivbild über die österreichischen Truppen bei Kleinholzen (1800).

19. Neukirchen, Antwort und Hirnsberg am Simssee: Marienwallfahrten

Das Gotteshaus in *Neukirchen am Simssee* mit seinen hervorragenden Deckenfresken aus dem Leben des Kirchenpatrons Johannes des Täufers - 1750 von Joseph Adam Mölk geschaffen - ist eine marianische Wallfahrt, genannt „Maria Stern", seitdem am 1. Februar 1710 ein Muttergottesbild aus der Pfarrkirche Riedering in die St. Johannes-Filiale gebracht und an den Samstagen der Fastenzeit besonders von den benachbarten Pfarreien eifrig besucht wurde. Nach Anbau einer geräumigen Vorhalle für die Wallfahrer im Jahre 1716 erfolgte 1750 ein völliger Umbau in den Formen des Frührokoko. Das Gnadenbild aus dem 17. Jahrhundert ist in einem geschnitzten Rocaillerahmen. Die noch heute besuchte Wallfahrtskirche hat nie größere Beliebtheit erlangt.

Antwort südöstlich Endorf entwickelte sich im Laufe des 17. Jahrhunderts zur Marienwallfahrt „Unsere Liebe Frau im Tal". Das Gnadenbild, eine kleine sitzende, stoffbekleidete Muttergottes mit Jesuskind, wurde 1687 „das wunderthetige Gnadenbildt der Seligisten Muetter" genannt; die Antworter Achen soll es angeschwemmt haben. 1761 wurden die Goldenen Samstage eingeführt. Auch hier hat die Wallfahrt nie größere Bedeutung erlangt.

Hirnsberg am Simssee war bereits im 15. Jahrhundert Wallfahrt zu „Unserer Lieben Frau am Berg". Der spätgotische Kirchenbau von damals ist noch jetzt Zeuge davon. Die Wallfahrt hatte eine gewisse überregionale Bedeutung. Auf der Suche nach dem Gnadenbild beachtet jeder Kirchenbesucher - neben der hervorragenden Stuckatur und dem Hochaltar mit seiner Tabernakelgruppe - den großartigen Kreuzaltar, der 1724 errichtet wurde, und die unter dem Kreuz stehende Schmerzhafte Gottesmutter mit den sieben Schwertern in ihrer Brust. Zur Seite des Kreuzes zeigen sechs Putten auf Rocailleschildern sechs Schmerzen Mariens; ein Putto hält einen Kelch an die Seitenwunde Jesu. Über dem Gekreuzigten bricht Gottvater wegen menschlicher Schuld den Stab über seinen Sohn. Die Muttergottesstatue unter dem Kreuz gab der Wallfahrt im 18. Jahrhundert nochmals vorübergehend einen Aufschwung. Kunstfreunde und einzelne private Wallfahrer besuchen gern die Kirche.

20. Halfing: Marienwallfahrt; Guntersberg b. Halfing: Leonhardiwallfahrt

Das Gotteshaus von *Halfing im Chiemgau*, zwar schon im Jahre 928 urkundlich erwähnt, war bis 1889 nur eine Filialkirche der Pfarrei Höslwang. Trotzdem kannte man hier schon um 1430 das Gnadenbild „Unsere Liebe Frau im Moos" (im Gegensatz Hirnsberg „am Berg" und Antwort „im Tal"). Schon in den Jahren 1509 und 1512 schrieb man Wunderberichte auf, ein Zeichen, dass damals die Wallfahrt eine erste Blüte erlebte. 1660 wurde die Skapulierbruderschaft gegründet. Der zuständige Höslwanger Pfarrer schrieb von einer „beriembten Peregrination und Wahlfahrt, wie nietweniger wunderbaren Bildnis der seligsten Jungfrau Maria" und wie „diese Pietet und Andacht, des Gemainen Volckhs von Tag zu Tag mehrer erwaxet". So musste man 1680 die Wallfahrtskirche erweitern; 1727 baute man sie neu - nicht bloß wegen eines Gewittersturms, der sie stark beschädigt hatte. Die Layminger hatten durch reiche Stiftungen der Wallfahrtskirche die wirtschaftliche Grundlage gegeben. Das Gnadenbild, eine thronende Muttergottes mit Kind, um 1430 entstanden und der Seeoner Muttergottes (jetzt im Bayerischen Nationalmuseum) ganz ähnlich, stand ursprünglich in einem gotischen Schrein, bis es in den barocken Aufbau des aus Traunstein angekauften Altars kam. Zahlreiche Votivtafeln an der Empore und der Westwand beweisen, dass Halfing die meistbesuchte Marienwallfahrt des westlichen Chiemgaus war. Prachtvoll ist jenes Votivbild von 1761, das von einer Feuersbrunst in Kirchennähe berichtet. Nicht geringer in der Aussage ist die Tafel der Wasserburger von 1708, als sich die „andechtige Gemeinde und Bürgerschaft der löblichen Stadt Wasserburg samt der ganzen Stadt hierher mit einem jährlichen Kreuzgang und Aufopferung einer großen Wachskerzen" verlobt hat. Wenn auch Aufklärung und Säkularisation den Wallfahrern viel geschadet haben, so kam noch bis nach dem Zweiten Weltkrieg alljährlich elf umliegende Pfarreien zur letzten „Betnacht" am Samstag in der Bittwoche. Früher waren es drei solcher frommer Betnächte gewesen.

Nicht vergessen hat das Landvolk, dass auch das südlich von Halfing gelegene *Guntersberg* früher Wallfahrtsort gewesen ist.

21. Feichten an der Alz nördlich Trostberg: Marienwallfahrt

Über *Feichten an der Alz* bei Trostberg berichtet eine Legende, man habe ursprünglich anderswo eine Kirche bauen wollen, die Grundmauern seien schon gestanden, ebenso das Baumaterial bereit gelegen, aber Engel hätten die Steine und die Balken nachts geheimnisvoll an den jetzigen Platz der Kirche getragen, dort habe man auch an einer Fichte (Ortsname!) eine Marienstatue vorgefunden. Mit dem Bau der Kirche und der Aufstellung des Gnadenbildes darin hat das Wallfahren nach Feichten begonnen, angeblich schon sehr früh, nachgewiesen seit 1377, dem Jahr einer Ablassverleihung. Das Äußere der zwischen 1502 und 1513 erbauten Kirche blieb unverändert, während das Innere in den Jahren 1763/64 durch ein hervorragendes Rokoko das einer Wallfahrt würdige Kleid erhielt. Die farbenfrohen Deckenbilder von Franz Josef Soll aus Trostberg zeigen Maria als Königin der Engel, Erwartung der Patriarchen, Königin der Apostel und Heiligen, als die in den Himmel Aufgenommene und Verherrlichte. Schließlich sehen wir noch Motive aus der Lauretanischen Litanei (Turm Davids, Arche des Bundes, Pforte des Himmels) und Bilder über ihre Kindheit mit ihren Eltern Joachim und Anna. 1644 wurde hier die Rosenkranzbruderschaft eingeführt und die Wallfahrt in der Barockzeit mächtig angeregt. Der linke Seitenaltar ist der eigentliche Wallfahrtsaltar mit dem Gnadenbild, einer Muttergottes mit Kind und reichem Faltenwurf. Ein Wallfahrtsbüchlein berichtet vom Aufblühen der Wallfahrt; 150 Wunder geschahen in den Jahren 1738 bis 1751. Originell ist der Bericht, dass ein zum Tod verurteilter Deserteur sich im Jahre 1743 hierher verlobte, vor seiner Hinrichtung fliehen konnte und diese Rettung dem Beisichtragen eines Feichtener Wallfahrtsbildes zuschrieb; Martin Empls Ehewirtin habe ein Kind gesund zur Welt bringen können, obwohl das Kind schon neun Wochen zu alt war; die Pfarrei Baumburg verdankte der Feichtner Muttergottes 1743 die Verschonung im Österreichischen Erbfolgekrieg. Auffallend ist die Weihegabe einer Silberkröte, mit zwei Füßen an eine Marienfigur gebunden; sie könnte ein Zeichen sein für vertrauensvolle Bitte einer hilfesuchenden Frau um Kindersegen.

22. Ising a. Chiemsee, Bräuhausen b. Seeon, Albertaich: Marienwallfahrten

In *Ising überm Chiemsee* östlich von Seebruck hat man im Spanischen Erbfolgekrieg das heutige Gnadenbild, eine spätgotische stehende Muttergottes mit Kind und Zepter, vom linken Seitenaltar auf den Hochaltar übertragen und somit den Anstoß zur tieferen Verehrung gegeben. Bald hernach wurde „weg deß eine Zeit hero zuegenommenen Concurs" ein Neubau der Kirche geplant (1751) und vom späteren Traunsteiner Stadtmaurermeister Plazidus Nizinger errichtet. Unter den Votivgaben, meist aus dem 18. Jahrhundert, sind die Bilder von Rettung aus Seenot besonders beachtenswert. Während der Säkularisation musste die Kirche „wegen groben Unruhen" vorübergehend geschlossen werden; doch 1808 konnte sie wieder geöffnet und die Wallfahrt stärker besucht werden.

Am Seeoner See liegt *Bräuhausen*, eine Wallfahrt der Seeoner Benediktiner. Über den Grundmauern einer romanischen Kapelle wurde um 1520 die jetzige gotische Kapelle mit den schönen Deckenfresken (1523) von C. P. Waber errichtet. In der Not des Spanischen Erbfolgekrieges hat Abt Columban II. laut Inschrift am Hochaltar sein ganzes Vertrauen auf die Gottesmutter gesetzt (siehe auch Maria Eck). In der Klosterchronik schrieb man damals: „Daher geschieht, dass noch das gesamte Convent nach denen Weihnacht-, Oster- und Pfingstferien processionaliter zu dieser gnadenvollen Muetter gehet, und aldorten ein solennes Hochamt haltet um Anflehung dero gnadenreichen Schutz und Fürbitt". In einem Votivkasten sah man einst „aus Wachs geopferte Augen, Brüst, Händ, Füeß, Fätschenkinder, wächserne Statuen der Manns- und Weibspersonen". Bis 1868 feierte man hier besondere Gottesdienste, die aber dann in die Pfarrkirche verlegt wurden. Noch bis zum Ersten Weltkrieg pilgerten die Bewohner der umliegenden Ortschaften hierher, wobei jeder einzelne ein brennendes Licht in der Laterne mit trug, „Licht gehen" genannt. Nach dem Entfernen des früheren Gnadenbildes (wohin?) hörte diese Wallfahrt gänzlich auf. Heute ist das Kirchlein ein beliebter Trauungsort geworden. Von der Kirche in *Albertaich* bei Frabertsham und ihrem Gnadenbild schrieb Wening, dass die Muttergottes sie mit Wundern beschütze.

23. Traunwalchen im Chiemgau, Raiten b. Schleching: Marienwallfahrten

Nordöstlich der Pfarrkirche von *Traunwalchen* steht die Kapelle Frauenbrunn, die über einer für Augenleiden heilkräftig geltenden Quelle gebaut wurde. Wusch man sich mit dem Wasser die Augen, verband man damit auch immer einen Besuch der Marienkirche zu Traunwalchen. Der Hofmarksherr, Graf Ladislaus von Toerring-Pertenstein, ließ einen kunstvollen Kupferstich anfertigen: Er zeigt eine auf dem Halbmond stehende und von zwei Engeln gekrönte Muttergottes mit dem Jesuskind über der Landschaft mit der Traunwalchener Kirche, mit Schloss Pertenstein, der Brunnenquelle und darunter dreizehn im Gebet kniende Personen, die gräfliche Familie. Eine Inschrift besagt, dass der Graf die Brunnenkapelle hat errichten lassen. Das Ganze ist umrahmt von zwölf geheilten Personen. Die wunderbare Heilung der eigenen Tochter Johanna von einem Augenleiden soll der sichtbare Lohn des Himmels für den Grafen gewesen sein (1607). In einem eigenen Mirakelbuch stehen 944 wunderbare Heilungen und Gebetserhörungen, beginnend mit 1507 und endend mit 1742. Das Buch ist mit einer eisernen Kette versehen, um es vor Diebstahl zu sichern, da es früher öffentlich aufgelegt war (jetzt im Pfarrarchiv). Der Altar der Kapelle steht genau über der Quelle; mittels einer Pumpe kann man das Wasser schöpfen und mitnehmen. Die Pfarrkirche mit dem spätgotischen Gnadenbild besitzt viele Votivbilder; eines stammt aus dem Jahre 1745, gestiftet von der Traunwalchener Gemeinde zum Dank für die Rettung aus Feindesgefahr im Österreichischen Erbfolgekrieg mit dem Hinweis, dass man gelobt habe, einen neuen Rock für das Gnadenbild und eine Fahne machen zu lassen. Ein zweites Votivbild von 1925 drückt den Dank des Ortspfarrers und mehrerer Bauernfamilien für die Bewahrung der mit Holzschindeln gedeckten Pfarrkirche vor Feuergefahr aus. Frauenbrunn wird auch heute noch sehr gern besucht.

Zur Kirche in *Raiten bei Schleching* im Achental, einer alten Wallfahrt „Maria zu den sieben Linden", kommen an Christi Himmelfahrt die Kriegerdankwallfahrer des Chiemgauer Alpenvereins für Tracht und Sitte. Das Gnadenbild, ein spätgotisches Schnitzwerk, ist voller Lieblichkeit.

24. Maria Eck südlich Siegsdorf: Marienwallfahrt

In den Jahren 1613 und 1624 hat Abt Sigismund von Seeon das Waldgebiet auf dem „Egg", einem Vorberg des Hochfelln, für die Almwirtschaft zum Nutzen des Klosters erworben. Holzarbeiter sollen damals in jenen Wäldern drei hellbrennende Lichter gesehen haben. Man deutete dies als Zeichen des Himmels und erbaute zuerst eine Kapelle, dann eine Kirche mit drei Altären. Die Kapelle erhielt 1627 ihre Weihe mit dem Titel „Maria Hilf" und dem jetzigen Gnadenbild, einer Kopie des römischen Muttergottesbildes Salus-populi-romani. Nach den Schrecken des Dreißigjährigen Krieges, in dem der Chiemgau vor den Schweden verschont blieb, wurde die Kapelle zur Kirche mit den neuen Seitenaltären der hl. Anna und der Pestheiligen Sebastian und Rochus erweitert. Schon ab 1626 schrieb man die vielen Gebetserhörungen in *Maria Eck* in einem Mirakelbuch mit 515 Seiten auf. 1646 führte man die Rosenkranzbruderschaft ein, deren Mitglieder seitdem an allen Sonntagen den Rosenkranz in der Kirche beten und am ersten Monatssonntag und an Marienfesten feierliche Prozession halten. Zur Festigung der Wallfahrt entstanden eine Mesnerei, ein Wirtshaus und schließlich 1713 für die hier weilenden Seeoner Benediktiner ein Klostergebäude, über dessen Eingang geschrieben steht: „Für die Ausbreitung der Marienverehrung und der Wallfahrt sorgte mit Mitteln des Klosters Abt Kolumban 1713". Die Säkularisation (1803) brachte auch hier die Sperrung der Kirche und den Abtransport des Gnadenbildes in die Siegsdorfer Kirche; das Kirchengewölbe sollte eingeschlagen werden. Die Erhaltung von Maria Eck war aber den umliegenden Gemeinden ein Herzensanliegen. So durfte die Wallfahrtskirche am 7.11.1812 in aller Stille wieder geöffnet und das Gnadenbild zurückgebracht werden. Durch freiwillige Hand- und Spanndienste der Gemeinden wurde 1826 die Wallfahrtsstraße wieder hergestellt; 1961 wurde sie weiter ausgebaut und asphaltiert. Seit 1891 versehen die Franziskaner-Minoriten die Wallfahrtsseelsorge. Jährlich kommen bis zu 50 000 Pilger den Berg hinauf. Die monatlichen Herz-Mariä-Samstage werden für den Frieden in der ganzen Welt gefeiert.

25. Gern, Kunterweg, Ettenberg im Berchtesgardener Land: Marienwallfahrten

Dem *Berchtesgadener Land* mit seinen Bergbauern, Holzfällern und stiftsländischen Sorgen erwuchsen im beginnenden 18. Jahrhundert in tief gläubigen Pröpsten richtungweisende Persönlichkeiten. So entstanden oder entwickelten sich die Wallfahrten Maria Gern, Kunterweg und Ettenberg. In *Maria Gern* begann man 1709 mit dem Bau der Wallfahrtskirche. 1715 stellte man den Hochaltar auf. Auch hier war schon früher eine Kapelle mit einem Marienbildnis, das vom Volk verehrt wurde. Im Zuge der Gegenreformation wurde auch diese Wallfahrt ausgebaut, die Goldenen Samstage wurden gefeiert und wöchentlich Stiftsmessen und andere Gottesdienste gehalten.

Kunterweg, ein origineller barocker Rundbau, geht auf Propst J. H. von Rehlingen, einen großen Marienverehrer, zurück. Zuerst war es nur ein an einem Felsen angebrachtes Muttergottesbild, das die Leute verehrten. 1700 wurde es durch ein holzgeschnitztes Bild ersetzt und in einer Kapelle aufbewahrt, die 1712 eigene Messlizenz bekam. Der jetzige Bau wurde 1733 eingeweiht. Viele stille Beter finden auch heute noch zu dieser Wallfahrt in herrlicher Landschaft.

Nach *Ettenberg* kamen schon im Jahre 1670 Wallfahrer. Beim Stierlingslehen soll nach der Legende einst ein altes Muttergottesbild gehangen haben, das aber wiederholt an einer Linde bei der jetzigen Kirche vorgefunden wurde. Schließlich ließ man es dort. Zuerst baute man über das Bild eine Holzkapelle; das älteste Votivbild von 1696 zeigt diese noch. 1699 berichtete man schon von einer Steinkapelle mit Mariä Heimsuchung als Patrozinium und einer Messfeier. Fürstpropst J. Heinrich von Rehlingen legte 1724 den Grundstein zur jetzigen Wallfahrtskirche. Das Gnadenbild zeigt Maria mit Kind und Zepter. Anstelle des damals eingeführten vierzigstündigen Gebets feiert man jetzt am letzten Julisonntag einen eucharistischen Tag mit Aufmarsch der Ettenberger Gebirgsschützen und mit Bergprozession.

Am Südufer des Königssees, neben einem früheren fürstpröpstlichen Jagdschloss, steht die schon 1134 erwähnte und um 1700 barockisierte Kirche *St. Bartholomä*; eine Bergwallfahrt, zu der am Patroziniumstag auch österreichische Pilger über das Steinerne Meer kommen.

FUSSNOTEN

1. *Rosenegger, Josef/Molodovsky, Nikolai (Hg.), Das Inntal von Kufstein bis Rosenheim (Kleine Pannonia-Reihe 15), Freilassing ³1982 (Wiedergabe).*
2. Pfarrkirche in Flintsbach, Foto: Max Weiß.
3. Falkenstein, Wehrturm der Burgruine. Foto: Wilfried Bahnmüller.
4. Blick vom Großen Madron auf den Petersberg. Max Weiß.
5. Die Wallfahrtskirche Heilig Kreuz in Westerndorf am Wasen. Foto: Bernhard u. Elisabeth Ettelt
6. Über den Dächern von Rosenheim, Foto: Bernhard u. Elisabeth Ettelt.
7. = Innbrücke, bajuwarisch Pfunzen.
8. Römischer Fund einer Tonscherbe.
9. *Rosenegger, Josef/Molodovsky, Nikolai (Hg.), Meister im Inntal (Kleine Pannonia-Reihe 41), Freilassing 1974 (Wiedergabe).*
10. *Rosenegger, Josef (Text)/Bahnmüller, Wilfried (Fotos), Burgen u. Schlösser zwischen Inn u. Salzach (Kleine Pannonia-Reihe 213), Freilassing 1993.*
11. Burghausen an der Salzach.
12. Tittmoning an der Salzach.
13. Staufeneck vor dem Hochstaufen.
14. Wasserschloss Gessenberg bei Waging.
15. Pertenstein an der Traun.
16. Höhlenburg Stein an der Traun, drei Toerring-Rosen an einem Türsturz.
17. Wald an der Alz, Hochaltar der Schlosskapelle.
18. Tüßling bei Altötting, Gartenseite des Schlosses.
19. Winhöring bei Altötting, Westseite des Schlosses.
20. Mühldorf/Inn, ehem. Pflegschloss, heute Finanzamt.
21. Guttenburg am Inn, Schlossturm.
22. Jettenbach am Inn, Schloss.
23. Wasserburg am Inn, Schloss und Burg.
24. Amerang im Chiemgau, Arkadenhof.
25. Oberbrunn bei Seeon im Chiemgau.
26. Hartmannsberg am Schlosssee in der Langbürgner Seenplatte.
27. Vogtareuth bei Rosenheim.
28. Wildenwart bei Prien, Schloss mit Schlossbrücke.
29. Brannenburg am Inn.
30. Falkenstein bei Flintsbach, Burgturm.
31. Neubeuern am Inn, Schloss und Wehrturm.
32. Hohenaschau an der Prien im Chiemgau.

33. Maquartstein an der Tiroler Ache.
34. Grabenstätt am Chiemsee, einst Wasserschloss, heute Rathaus.
35. Herrenwörth im Chiemsee.
36. *Rosenegger, Josef, Verfallene Burgen und Schlösser zwischen Inn und Salzach (Pannonia-Reihe) Freilassing (vergriffen). Original-Manuskript.*
37. *Rosenegger, Josef(Text)/Bahnmüller, Wilfried (Fotos), Klöster und Stifte zwischen Inn und Salzach (Pannonia-Reihe 214) Freilassing ^{2}1993.*
38. Au am Inn, ehemaliges Augustinerchorherrenstift, heute Franziskannerinnenkloser.
39. Gars am Inn, ehemaliges Augustinerchorherrenstift, heute Redemptoristenkloser.
40. Mühldorf, ehemaliges Kollegiatstift, heute Pfarrhof.
41. St. Veit bei Neumarkt, ehem. Benediktinerkloster.
42. Altötting, Kreuzgang des ehemaligen Kollegiatstiftes an der Stiftskirche.
43. Altötting, St. Magdalena, ehem. Jesuskirche, heute Kirche der Kapuziner.
44. Altötting, Bruder-Konrad-Kirche der Kapuziner.
45. Burghausen, Kloster u. Kirche d. Englischen Fräulein.
46. Raitenhaslach, Kirche d. ehem. Zisterzienserklosters.
47. Tittmoning, ehemaliges Kollegiatstift und Kirche.
48. Laufen, ehemaliges Kollegiatstift und Stiftskirche.
49. Berchtesgaden, ehemaliges Augustinerchorherrenstift und Stiftskirche.
50. Berchtesgaden, Franziskanerkloster und Kirche.
51. Bad Reichenhall, Kreuzgang des ehemaligen Augustinerchorherrenstiftes, heute Kloster der Englischen Fräulein.
52. Höglwörth, ehemaliges Augustinerchorherrenstift.
53. Herrenchiemsee, ehem. Augustinerchorherrenstift.
54. Frauenchiemsee, Benediktinerinnenkloster.
55. Baumburg, ehem. Augustinerchorherrenstift u. Kirche.
56. Seeon, ehemaliges Benediktinerkloster.
57. Altenhohenau am Inn, Dominikanerinnenkloster.
58. Attel am Inn, ehemaliges Benediktinerkloster.
59. Rott am Inn, ehemaliges Benediktinerkloster und Kirche.
60. Petersberg, ehemalige Propstei und Kirche auf dem Kleinen Madron.
61. Reisach am Inn, Karmeliterkloster.
62. *Rosenegger, Josef/Molodovsky, Nikolai (Hg.), Wallfahrten zwischen Inn und Salzach (Pannonia-Reihe 54), Freilassing ^{2}1985.*